Der Weg zur eigenen Praxis

Leitfaden zur Gründung einer eigenen Praxis für therapeutische Tätigkeiten.

Die in diesem Handbuch wiedergegebenen Empfehlungen sind ausschliesslich zur Information, stellen keinen Ersatz für medizinisches Fachwissen dar und unterliegen komplett Ihrem Urteilsvermögen. Sie ersetzen nicht die fachkundlich fundierte Diagnose, Beratung oder Therapie bei einem ganzheitlich arbeitenden Arzt oder Heilpraktiker. Es ist wichtig, dass man einer getesteten Person stets vorgängig sagt, dass vor jeder Anwendung der Vorschläge ärztlicher oder naturheilkundlicher Rat einzuholen ist und man dies in eigener Verantwortung macht. Für Schäden, welche aus der Anwendung dieser Informationen ergeben, kann niemand zur Verantwortung gezogen werden. Dieses Handbuch erhebt keinen Anspruch auf Vollständigkeit, Richtigkeit oder Fehlerlosigkeit.

Einleitung

Über mich

Roland M. Rupp

Gestatten, dass ich mich vorstelle: Mein Name ist Roland Rupp und ich bin seit über 10 Jahren im Gesundheitswesen aktiv, war lange Zeit im Vertrieb von Nahrungsergänzungsmitteln tätig und bin Vizepräsident des EGC - Europäischen Gesundheitsclubs.

Durch einen Unfall im Jahr 2000 wurde ich zwangsweise damit konfrontiert, wo die Grenzen der modernen Medizin sind und welche Möglichkeiten alternative Heilmethoden bieten.
In den vergangenen 19 Jahren habe ich eine gute Co-Existenz der Schulmedizin und anderen Heilmethoden gefunden und im Bereich Analyse ja sogar fast einen symbiotischen Zustand erreicht.
Heute leite ich die VDM-Academy GmbH, welche therapeutisch tätige Personen ausbildet und biete selber meine Dienste in der Vitaldatenmessung an. Dies vor allem in der Praxis manere-sanus in Zug, auf Gesundheitsmessen oder direkt bei interessierten Personen zu Hause.

Dank meiner Tätigkeit als Unternehmensberater im Schweizerischen KMU Verband während nunmehr 13 Jahren konnte ich meinen Erfahrungsschatz in der Firmengründung, -aufbau und Führung stetig ausbauen und habe so manche Firma begleiten dürfen.

Da ich in beiden Welten, also in der Firmenberatung als auch im Gesundheitswesen gleichermassen zu Hause bin, war es für mich ein Leichtes, das vorliegende Buch zu schreiben und interessierten Personen so einen Leitfaden zur Gründung der eigenen Praxis zu geben.

Ich hoffe, Sie können möglichst viel vom Inhalt des Buches profitieren und können schon bald Ihre eigene Praxis eröffnen. Wenn dem so ist, so vergessen Sie nicht, mich bei Ihrer Eröffnung einzuladen.

Ihr Roland M. Rupp

Inhalt

Warum dieses Buch geschrieben wurde

Seit 2017 bildet die VDM-Academy GmbH Personen im Bereich Quanten Resonanz Analyse aus und weiter. In dieser Zeit haben auch sehr viele Personen die Kurse besucht, welche noch nicht eine eigene Praxis hatten, sondern erst im Begriff waren, diese aufzubauen. Bei den Gesprächen in den Pausen und beim Mittagessen kamen deshalb öfters Fragen auf zum Thema Angebotspalette, Marketing, Versicherung und vielem mehr und so kam der Gedanke, dass man einen entsprechenden Leitfaden schreiben und alles zusammenfassen könnte. Quasi als Leitfaden und Checkliste für zukünftige Inhaberinnen und Inhaber einer eigenen Praxis im Bereich Naturheilkunde.

Der Bereich Naturheilkunde ist sehr vielfältig und es gibt weit über 200 verschiedene Therapiearten und Methoden. Dieses Buch ist so geschrieben, dass man es sehr gut zur Realisierung einer eigenen Praxis verwenden kann, unabhängig von der gewählten Therapiemethode. Aus naheliegenden Gründen ist in diesem Buch das Fallbeispiel gewählt worden einer Person, welche als „Quereinsteiger/in" in die Naturheil-kunde einsteigen möchte. Dies ist auch sehr nahe an der Praxis, denn von den rund 400 therapeutisch tätigen Personen, welche im vergangenen Jahr von mir in der VDM-Academy ausgebildet wurden, hatten weniger als 10% den Abschluss als Naturheilpraktiker/in. Dies sicherlich auch aus Zeit- und Ressourcengründen, zumal eine Ausbildung zum/zur Naturheil-praktiker/in berufsbegleitend bis zu 5 Jahre dauert und zwischen CHF 48'000.— und CHF 98'000.— kostet. Dies ist sicherlich auch mit ein Grund, dass wir aktuell daran sind, einen modernen und umfassenden Kurs Naturheilkunde zu realisieren, welcher auch zeitgemässe Therapien und Methoden wie Bioresonanz, Magnetfeld, Low Level Lasertherapie etc. beinhaltet und komplett als Fernkurs absolviert werden kann.

Dadurch ist die Zeiteinteilung völlig frei, regelmässige Schulbesuche vor Ort entfallen und die Kosten vor Ort reduzieren sich dramatisch. Wenn man bedenkt, dass ein Kurs, welcher heute 5 Jahre dauert und somit schätzungsweise 400 Schultage vor Ort beinhaltet alleine Kosten für Lehrer, Schulraum und Infrastrukturmiete in der Höhe von rund CHF 400'000.— generiert, ist es also nicht verwunderlich, dass die Kurse so viel kosten. Durch den Einsatz modernster Schulungs-methoden am Computer entfallen all diese Kosten und das Ziel, einen umfassenden und zeitgemässen Kurs für unter CHF 10'000.— anbieten zu können ist realistisch.

Dass es einen solchen Kurs braucht, zeigt die stetig wachsende Zahl von Personen, welche nicht nur medizinische Hilfe von Ärzten in Anspruch nehmen, sondern in vielen Fällen auch Möglichkeiten in der Naturheil-kunde ergründen möchten und alternative Möglichkeiten zur Verbesserung der Lebensqualität nutzen. Und wo die Nachfrage steigt, braucht es auch mehr Angebot. Für die Eröffnung einer Praxis mit Ausrichtung auf eine oder mehreren Therapieformen in der Naturheilkunde ist nun ein optimaler Zeitpunkt.

Da rund 80% aller Praxen in der Naturheilkunde ohne Mitarbeiter/innen auskommen, wird in diesem Buch nicht auf die Themen Mitarbeitersuche und -führung etc. eingegangen. Des Weiteren wird auch die Rechtsform nur am Rande erwähnt, da über 90% aller Praxen als Einzelfirma geführt werden.

Also lassen Sie uns beginnen und gemeinsam mit Hilfe dieses Buches Ihre eigene Praxis planen, umsetzen und betreiben.

Warum eine eigene Praxis

Der Grund, warum Sie eine eigene Praxis eröffnen sollten, ist einfach erklärt, auch wenn es auf den ersten Blick vielleicht ökonomisch (also betriebswirtschaftlich) durchaus sinnvoll sein kann, dass man eine Gemeinschaftspraxis macht.

Der logistische Aufwand, Abgrenzungen und auch Kostenaufteilung überwiegen die Vorteile, da man in den wenigsten Fällen Mobiliar oder therapeutische Hilfsmittel gemeinsam nutzen kann und da man kein Personal hat, auch diese Ressource nicht ins Gewicht fällt. Auf der anderen Seite hat eine therapeutisch tätige Person eine extrem enge Kundenbindung und eine eigene Praxis, ganz auf die eigene Person abgestimmt ist ein grosses Plus. Hinzu kommt, dass es sehr wenige echte Synergiemöglichkeiten gibt, wenn mehrere Therapeuten oder Therapeutinnen zusammenarbeiten so dass es Synergien wirklich nur auf Ebene Infrastruktur gibt. Dann doch lieber eine eigene Praxis, in welcher Sie alles alleine entscheiden können und bei Bedarf auch Ihr Angebot anpassen und erweitern können.

Das Berufsbild des Therapeuten

Warum im Moment therapeutisch tätige Personen einen solchen Zulauf an Kunden haben, hat mit fünf Dingen zu tun:

1. Der Arzt von heute ist „Fliessbandarbeiter" und muss teilweise bis zu 5 Patienten pro Stunde behandeln. Ich beneide diese Ärzte nicht. Viele Patienten bemängeln daher, dass sich Ihr Arzt zu wenig Zeit nehmen kann.

2. Sehr viele Ärzte betreiben heute Symptombehandlung und gehen den eigentlichen Krankheiten – sicherlich auch aus Zeitgründen – oftmals nicht auf den Grund. Bestes Beispiel ist der häufig diagnostizierte Eisenmangel bei jungen Frauen, wenn dieses über Müdigkeit klagen. Die Behandlung ist dann sehr häufig eine Supplementierung von Eisen in Form von Tabletten oder gar Infusionen. Dass der Eisenmangel aber auch ein Grund sein kann, weil die Absorption des Dünndarms nicht richtig funktioniert, der Körper somit zu wenig Zink aufnimmt und daher ein Eisenmangel (Eisen wird mit Zink gebunden) entsteht, wird häufig ausser Acht gelassen. Dadurch werden solche Patientinnen immer wieder über dieselben Symptome klagen und erhalten weiter Eisensupplementierungen statt, dass eine Verbesserung der Darmflora und somit eine Langzeitverbesserung gemacht wird.

3. Die Schulmedizin nutzt die Möglichkeiten von alternativen Heilmethoden zu wenig. Viel zu schnell wird von Operationen oder Therapien mit vielen Medikamenten gesprochen ohne überhaupt andere Heilmethoden in Betracht zu ziehen.

4. Die Ärzte von heute gehen viel zu wenig auf die feinstoffliche Ebene und die Seele ein.

5. Viele Patienten bemängeln, dass Sie vom Arzt nicht ganzheitlich
   behandelt und gesehen werden. Mit ein Grund ist sicherlich auch, dass
   viele Ärzte gar keine umfassende Ausbildung in orthomolekularer
   Medizin haben.

Wie also sieht denn das typische Berufsbild einer therapeutisch tätigen
Person aus?

Während im Jahr 1900 rund 4 von 100 Personen (genauer gesagt 1 von
27) an Krebs starben, sind heute bereits 50% aller Todesfälle auf Krebs
oder den Folgen davon zurückzuführen. Tendenz leider weiterhin
steigend. Auch die Zahl chronisch Kranker ist aktuell bereits auf über 20%
gestiegen.
Und genau hier kommt die Stärke der Naturheilkunde zum Tragen:
Auf dem Gebiet der chronischen Erkrankungen werden in der
Naturheilkunde grosse Erfolge erzielt. Als hoffnungslos abgeschriebene
Fälle werden geheilt, der letzte Strohhalm für schulmedizinisch
austherapierte Personen ist der Heilpraktiker.

Während ein Arzt zum Fliessbandarbeiter wird und Symptombekämpfung
macht, sieht der Naturheilpraktiker seine Kunden ganzheitlich und eine
Behandlung erfolgt komplett anders.

Ein Heilpraktiker nimmt sich für jeden Patienten zwischen 30 Minuten und
einer Stunde (oftmals auch mehr) Zeit. Dadurch kann er zusätzlich auch
seelsorgerische Aufgaben wahrnehmen und stärkt so das Vertrauen des
Patienten. Vor allem aber ist er nicht nur darauf bedacht, Krankheiten zu
beseitigen, sondern auch die Gesundheit zu erhalten.

Dazu gehören die Grundpfeiler:

- Bewegung, Fitness, Wellness
- Umweltbewusstsein, Umgang mit Stress, Schutz vor Elektrosmog
- Ernährung
- Ganzheitlichkeit und Spiritualität

Was bedeutet dies in der Praxis? Hier kann ich einfach nur aus meiner täglichen therapeutischen Tätigkeit erzählen. Nebst der Leitung der VDM-Academy, in welcher ich therapeutisch tätige Personen in Quantenresonanzanalyse ausbilde, betreibe ich noch meine eigene Praxis in Zug. Dies einfach aus dem Grund, weil viele Personen, welche schulmedizinisch als austherapiert gelten, den Weg zu mir suchen und finden.

Wer zu mir kommt, ist oftmals erstaunt, dass ich meine Praxis mitten in einem Wohnblock habe. Dies ist ganz bewusst so gewählt, weil ich mich so von „sterilen" Praxen und Kliniken abhebe und bereits alleine durch die Lage eine persönliche, heimische Atmosphäre schaffe. In meiner Praxis steht auch eine Liege mit einer modernen Magnetfeldmatte bereit und wer etwas zu früh dran ist, kann anstatt in einem sterilen Wartezimmer gelangweilt alte Ausgaben von Magazinen, welche man selber nie kaufen würde durchzublättern eine kostenlose wohltuende physikalische Gefässtherapie geniessen.

Wohltuende Gefässtherapie statt gelangweiltem Warten im Wartezimmer.

Ich behandle all meine Kunden als meine Gäste. Und Gästen bietet man etwas zu trinken an. So ist es auch bei mir und all meine Kunden erhalten stets bei mir ein Glas frisches, basisches gesundes Wasser. Dadurch unterscheide ich mich klar vom Arzt und der Patient realisiert hier, dass er mir wirklich wichtig ist

Gästen bietet man Getränke an

und ich mir für Ihn Zeit nehme.

Beim ersten Gespräch führe ich eine genaue Anamnese durch. Diese umfasst aber keinesfalls nur das Ausfüllen eines Patientenstammdatenblattes, sondern auch 17 Fragen zu den aktuellen Lebensumständen, da mir diese oftmals erste Hinweise (Stress etc.) geben.

Anamnese, Blutdruck, Blutsauerstoff

Danach messe ich bei allen Kunden den Blutdruck und den Sauerstoffsättigungsgehalt.   Den Blutdruck und Blutsauerstoff messe ich vor allem deshalb, weil dies der Kunde vom Arzt her schon kennt und mich so innerlich auf eine ähnliche Ebene stellt. Dadurch wird er auch viel ruhiger und vertraut mehr, denn ein Patient, welcher alles in Frage stellt, kann auch schon mal „sich selber und der eigenen Verbesserung seiner Lebensqualität im Wege stehen".

Wenn dann danach die eigentliche Quanten Resonanz Analyse erfolgt, habe ich als Therapeut bereits viele Informationen und die Auswertung wird noch genauer. Dies weil es auch in der Quanten Resonanz Analyse genau gleich wie bei einem Arzt ist: Eine sehr sportliche Person hat andere Werte als der Durchschnitt und ohne das Wissen um seine sportlichen Aktivitäten, könnten falsche Schlüsse gezogen werden. Dies zum Beispiel bei Lungenwerten, da Sportler ein anderes Lungenvolumen haben und die Quantenresonanz dies z.B. als chronische Lungenprobleme interpretieren könnte.

Genaue Auswertung dank guter Anamnese.

Quantenresonanztherapeut/in

Lassen Sie mich an dieser Stelle einen kurzen „Schwenker" machen und erklären, warum wirklich jede therapeutisch tätige Person sich auch in der Quantenresonanzanalyse ausbilden sollte. Wie im vorherigen Kapitel beschrieben, sollte ein Naturheilpraktiker den Kunden gesamtheitlich sehen. Natürlich gibt es verschiedene Therapiemethoden, welche dies auch auf anderer Ebene ermöglichen. Aber dieses Buch richtet sich ja vor allem an Personen, welche erst am Anfang stehen und daher noch kaum über 10 und mehr Jahre Erfahrung in Kinesiologie o.ä. haben und dies bewerkstelligen können. Zwei andere Punkte sind aber viel entscheidender. Sie können noch so viel therapeutische Erfahrung haben: Es wird immer so sein, dass ein Kunde, welcher nach einer 90 Sekunden dauernden Test mit einem Quanten Resonanz Analyser das Ergebnis sofort anerkennt und nicht weiter hinterfragt und so eine Vertrauensbasis geschaffen wird, welche Sie niemals so schnell ohne dieses Gerät aufbauen könnten. Kunden, welche die Ergebnisse sofort und über-sichtlich dargestellt am PC und ausgedruckt vor sich sehen, werden nicht mehr zögern, eine Therapiemassnahme zu starten. Die Frage ist nur noch Wie.

Der zweite wichtige Aspekt ist der sofortige gesamtheitliche Überblick und das eigene Ausblenden von Scheuklappen auf Ebene des Therapeuten. Wenn ein neuer Kunde kommt und man bereits optisch auf Neurodermitis, Kollagenmangel oder ähnliches schliessen kann, so darf man trotzdem nicht ausser Acht lassen, dass noch ganz andere und eventuell wichtigere „Baustellen" vorhanden sind. Mit Hilfe des Quanten Resonanz Magnet Analysers kann man dies aber sofort erkennen und allenfalls verschiedene zu therapierende Massnahmen in einer anderen Reihenfolge gemeinsam mit dem Kunden festlegen.

Denn es ist nur kurzfristig gedacht, wenn ich einem Kunden mit chronischer Müdigkeit einfach nur Eisen, Zink und Kupfer supplementiere, aber nicht prüfe, ob allenfalls die Darmflora nicht in Ordnung und so die Absorption dieser Mineralien im Dünndarm gar nicht in vollem möglichem Mass erfolgen kann.

Aus diesem Grund rate ich wirklich jeder therapeutisch tätigen Person, sich zur Quantenresonanzberater/in ausbilden zu lassen. Denn dieser Service am Kunden mit einer kompletten Vitaldatenmessung ist ja nicht nur ein USP für die eigene Praxis, sondern auch einen Mehrwert für den Kunden. Und dass es Ihnen auch noch die Arbeit erleichtert ist ja auch noch ein wichtiger Faktor.

Haupttätigkeit und rechtliche Anforderungen

Der Beruf des Heilpraktikers umfasst das Behandeln und Erkennen von Krankheiten und Leiden des Menschen im Rahmen der gesetzlichen Bestimmungen. Was so einfach tönt, ist aber in jedem Land gesetzlich unterschiedlich geregelt und geht sehr weit auseinander. Wie komplex, zeigt Ihnen der Eintrag „Heilpraktiker" in Wikipedia:

„Als Heilpraktiker (als Begriff zu Beginn des 20. Jahrhunderts aufgekommen und 1928 allgemein eingeführt) wird in Deutschland bezeichnet, wer die Heilkunde berufs- oder gewerbsmässig ausübt, ohne als Arzt oder Psychologischer Psychotherapeut approbiert zu sein (§ 1 des seit 1939 bestehenden Heilpraktikergesetzes). Die Ausübung der Heilkunde als Heilpraktiker bedarf in Deutschland der staatlichen Erlaubnis. Der Heilpraktiker übt seinen Beruf eigenverantwortlich aus und zählt zu den freien Berufen im Sinne von § 18 Einkommensteuergesetz.

In der Schweiz existiert ein entsprechendes Berufsbild. Das SBFI hat am 28. April 2015 eine Genehmigung erteilt für die Höhere Fachprüfung für Naturheilpraktikerin und Naturheilpraktiker. Hiermit entstand ein schweizweit anerkannter und geschützter Titel für vier spezifische Fachrichtungen: Ayurveda-Medizin, Homöopathie, traditionelle chinesische Medizin (TCM) und traditionelle europäische Naturheilkunde (TEN). Die Gesetzesänderung geht auf eine der Kernforderungen zum Verfassungsartikel 118a Komplementärmedizin zurück, die die Schaffung von nationalen Diplomen für die nichtärztlichen Berufe der Komplementärmedizin fordert. Zuvor gab es uneinheitliche kantonale Bestimmungen zur Ausübung der Naturheilkunde. Die eidgenössische Prüfung wird von der 'Organisation der Arbeitswelt Alternativmedizin Schweiz (OdA AM)' durchgeführt.

In Österreich ist die Ausübung der Heilkunst ausschliesslich den Ärzten und – beschränkt auf das Gebiet der Psychotherapie – den Psychotherapeuten vorbehalten. Die Ausübung des Berufes des Heilpraktikers sowie die Ausbildung dazu sind in Österreich durch das Ärztegesetz bzw. das Ausbildungsvorbehaltsgesetz verboten und strafbar. Diese Regelung wurde bereits vom Europäischen Gerichtshof geprüft und als EU-rechtskonform bestätigt."

Was bedeutet dies nun?
Auf den ersten Blick bedeutet dies, dass wer in den Bereichen Homöopathie, Akupunktur, Neuraltherapie oder Chirotherapie tätig sein möchte, muss eine staatlich anerkannte Ausbildung machen.

Wer aber nun therapeutisch tätig sein möchte in einem der anderen über 200 Tätigkeitsbereiche (u.a. auch in der Bioresonanz) so gilt diese Regelung nicht.

Dies ist z.B. im Kanton Zürich (und in den meisten anderen Kantonen der Schweiz) so geregelt:

Rechtliche Grundlagen

Die massgebenden rechtlichen Grundlagen zum Thema Berufsausübung der nichtärztlichen Alternativ- und Komplementärmedizin im Kanton Zürich finden Sie im Gesundheitsgesetz (GesG / LS 810.1) sowie in der Verordnung über die nichtuniversitären Medizinalberufe (nuMedBV / LS 811.21), unter www.zhlex.zh.ch.

Bewilligungsfreier Tätigkeitsbereich
Die selbstständige Berufsausübung (im Sinne von fachlich eigenverantwortlicher Tätigkeit) im Bereich der nichtärztlichen Alternativ- und Komplementärmedizin ist im Kanton Zürich grundsätzlich erlaubt, ohne dass Sie dafür eine Bewilligung der Gesundheitsdirektion benötigen. Es besteht auch keine Meldepflicht. **Allerdings dürfen Sie bei dieser Berufsausübung keine Tätigkeiten ausüben, die gemäss § 3 Abs. 1 lit. a bis f GesG bewilligungspflichtig sind.**

Folgendes sind die Grenzen des bewilligungsfreien Tätigkeitsbereichs, die Sie beachten müssen:

1. Keine Tätigkeit bewilligungspflichtiger Gesundheitsberufe

Bewilligungspflichtig gemäss § 3 Abs. 1 lit. a - d GesG ist die selbstständige Ausübung eines universitären Medizinalberufes (Bsp. Ärztin oder Arzt) oder eines Berufs, der zur Gruppe der anerkannten Leistungserbringer in der obligatorische Grundversicherung gemäss krankenversicherungs-gesetzgebung gehört (Bsp. Ergotherapie).

2. Keine invasiven Tätigkeiten (z. B. Blutentnahmen und Injektionen)

Weiter sind gemäss § 3 Abs. 1 lit. e GesG Tätigkeiten bewilligungspflichtig, welche die Vornahme von instrumentalen Eingriffen in den Körper-öffnungen oder körperverletzend unter der Haut an gesundheitlich beeinträchtigten Personen sowie im Rahmen der Prävention beinhalten (Bsp. Akupunktur, s. entsprechendes Merkblatt auf www.gd.zh.ch). Auch Blutentnahmen und Injektionen fallen in den bewilligungspflichtigen Bereich. Die Ausführung von Injektionen und Blutentnahmen ist im Rahmen der selbstständigen Berufsausübung im Kanton Zürich geknüpft an das Vorhandensein der Bewilligung zur selbstständigen Berufs-ausübung gewisser universitärer Medizinalberufe (Bsp. Arzt oder Ärztin) oder von Pflegefachpersonen. Letztere dürfen diese Tätigkeiten zudem ausschliesslich auf ärztliche Verordnung hinausführen. Selbstständig tätige Naturheilpraktikerinnen und Naturheilpraktiker dürfen Injektionen oder Blutentnahmen im Kanton Zürich demzufolge nicht durchführen. Separate Bewilligungen für diese Tätigkeiten können nicht erteilt werden.

3. Keine Abgabe von Arzneimitteln

Die Abgabe von Arzneimitteln (gemeint ist damit insbesondere der Verkauf eines Arzneimittels zur Anwendung durch die Patientin oder den

Patienten selber oder durch dritte Personen) ist gemäss eidgenössischer Heilmittelgesetzgebung grundsätzlich bestimmten universitären Medizinal Personen mit entsprechender Bewilligung wie z.B. Apo-thekerinnen und Apothekern vorbehalten.

Nicht verschreibungspflichtige Arzneimittel dürfen zusätzlich von Drogistinnen und Drogisten abgegeben werden. Die berufsmässige Anwendung von nicht verschreibungspflichtigen Arzneimitteln im Rahmen einer Behandlung ist Ihnen jedoch gestattet.

Bewilligungspflichtige Titelführung

1. Selbstständige Tätigkeit unter einem anerkannten Titel der Alternativ- oder Komplementärmedizin

Gemäss § 3 Abs. 1 lit. g GesG untersteht auch die selbstständige Tätigkeit unter einem eidgenössisch anerkannten Diplom der Komplementärmedizin der Bewilligungspflicht. Bitte beachten Sie, dass es sich bei der Bewilligung zur Titelführung in der Komplementärmedizin nicht um eine Berufsausübungsbewilligung handelt, sondern lediglich um eine Bewilligung zur Tätigkeit unter Verwendung eines bestimmten Titels. D.h. die Tätigkeit an sich, beispielsweise in der Homöopathie, ist grundsätzlich bewilligungsfrei möglich. Die Bewilligungspflicht greift erst dann, wenn die Tätigkeit unter Verwendung eines bestimmten, nachfolgend aufgeführten Titels erfolgt.

Seit der Einführung der Höheren Fachprüfung für Naturheilpraktikerinnen und Naturheilpraktiker sowie für Komplementär-Therapeutinnen und Komplementär-Therapeuten auf Bundesebene muss für folgende Titel eine Bewilligung zur Titelführung beantragt werden:

– Naturheilpraktikerin oder -praktiker mit eidgenössischem Diplom in Ayurveda-Medizin, Homöopathie, Traditionelle Chinesische Medizin TCM oder Traditionelle Europäische Naturheilkunde TEN,

– Komplementär-Therapeutin oder -therapeut mit eidgenössischem Diplom in Akupressur-Therapie, Akupunktmassage-Therapie (APM-Therapie), Alexander-Technik, Atemtherapie, Ayurveda-Therapie, Bewegungs- und Körpertherapie, Biodynamik, Craniosacral-Therapie, Eutonie, Feldenkrais, Fasciathérapie, Heileurythmie, Kinesiologie, Polarity, Rebalancing, Reflexzonentherapie, Shiatsu, Strukturelle Integration und Yoga-Therapie.

Weiter benötigt eine Bewilligung zur Titelführung, wer unter einem der im Folgenden aufgezählten Diplome oder Titel der Komplementärmedizin im

Kanton Zürich selbstständig berufstätig werden möchte (vgl. § 65 GesG und § 9 Abs. 1 lit. c und d numMedBV):
– dem von der Schweizerischen Konferenz der Gesundheitsdirektorinnen und -direktoren (GDK) verliehenen interkantonalen Diplom als Osteopathin oder Osteopath, – einer von der Qualitätssicherungsstelle für Naturheilkunde und Komplementärmedizin SPAK verliehenen Urkunde in Phytotherapie.

 Ab sofort werden keine Titelführungsbewilligungen mehr erteilt für
– den vom Verein «schweizer homöopathie prüfung (shp)» verliehenen Titel «Homöopathin oder Homöopath shp»
– das von der Schweizerischen Berufsorganisation für Traditionelle Chinesische Medizin (SBO-TCM) verliehene Diplom.
Diese Fachbereiche werden nun von einem eidgenössischen Diplom abgedeckt.

2. Gesuch um Bewilligung der Führung eines Titels
Das Gesuch um Bewilligung der Führung eines der oben genannten Titels bei Ausübung einer selbstständigen Tätigkeit muss mit dem dafür vorgesehenen Formular und den dort aufgeführten Beilagen bei der oben genannten Stelle eingereicht werden. Die Bearbeitung dauert in der Regel höchstens einen Monat. Für die Erteilung der Bewilligung wird eine Gebühr von 200 Franken erhoben. Bitte beachten Sie, dass die Bewilligung zur selbstständigen Ausübung der Akupunktur im Kanton Zürich die Bewilligung zur Tätigkeit unter dem Titel „Naturheilpraktiker/in mit eidgenössischem Diplom in Traditioneller Chinesischer Medizin TCM" umfasst. Liegt eine Berufsausübungsbewilligung der Akupunktur vor oder wird eine solche beantragt (siehe entsprechendes Merkblatt und Gesuchsformular), so muss keine zusätzliche Bewilligung zur Titelführung eingeholt werden.

Bekanntmachung / Verbot der Heiltätigkeit

Gemäss § 16 GesG muss die Bekanntmachung der Berufstätigkeiten im Gesundheitswesen und die Werbung sachlich sein und darf zu keiner Täuschung Anlass geben. Diese Bestimmung gilt auch für die bewilligungsfreien Heiltätigkeiten. Täuschend sind beispielsweise Bekanntmachungen, welche die Bezeichnung Ärztin oder Arzt (Bsp. Naturärztin oder Naturarzt) oder „Dr." oder „Dr. med." verwenden. Mit einer solchen Bekanntmachung würde die betreffende Person vorgeben, über ein eidgenössisches oder ein eidgenössisch anerkanntes Diplom als Ärztin oder Arzt zu verfügen bzw. ärztliche Tätigkeiten verrichten zu dürfen, die ihr indes untersagt sind. Zulässig sind hingegen Bezeichnungen wie Naturheilpraktikerin oder Naturheilpraktiker sowie Therapeutin oder Therapeut mit Hinweis auf die Behandlungsform. Schliesslich ist auch § 19 GesG von Bedeutung. Dieser sieht ein Verbot der Heiltätigkeit durch die Gesundheitsdirektion vor, sofern im Bereich von bewilligungsfreien Heiltätigkeiten eine allgemeine Gesundheits-gefährdung entsteht.

Quelle:
https://gd.zh.ch/dam/gesundheitsdirektion/direktion/themen/gesundheit sberufe/komplementaermedizin/nichtaerztliche_komplementaermedizin _merkblatt.pdf.spooler.download.1466775734986.pdf/nichtaerztliche_ko mplementaermedizin_merkblatt.pdf

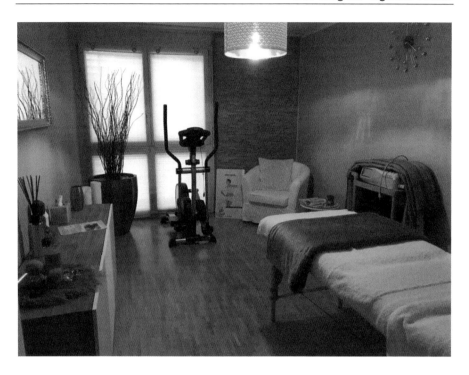

Und was bedeutet dies für Sie?

In Deutschland, Österreich und der Schweiz ist die Bezeichnung Therapeut allein oder ergänzt mit bestimmten Begriffen gesetzlich nicht geschützt und daher kein Hinweis auf ein erfolgreich abgeschlossenes Studium oder auch nur fachliche Kompetenz. Im Gegensatz dazu stehen etwa die gesetzlich geschützten Berufsbezeichnungen der Heilberufe Arzt, Heilpraktiker und Psychotherapeut sowie die Gesundheitsfachberufe Logopäde, Motopäde, Ergotherapeut und Physiotherapeut, die erst nach bestandener staatlicher Prüfung geführt werden dürfen.

Der Begriff des Therapeuten geniesst in Deutschland grundsätzlich keinen besonderen Schutz. Davon ausgenommen ist z. B. der Physiotherapeut und Ergotherapeut. Die Bezeichnung des „Massagetherapeuten / Wellnesstherapeuten" steht daher dem in §§ 8 ff. des Masseur- und Physiotherapeutengesetzes geregelten Ausbildungsberuf des Physiotherapeuten gegenüber. Die Bezeichnungen werden vom Verkehr begrifflich unterschieden und inhaltlich als zwei verschiedene Berufe erkannt. Auch der Begriff „Psychotherapeut" ist staatlich geschützt und Diplom-Psychologen und Psychologen mit Masterabschluss vorbehalten, die eine Zusatzausbildung zum „Psychologischen Psychotherapeuten" absolviert und damit die Approbation erlangt haben. Der Begriff „Psychotherapie" hingegen ist nicht geschützt und darf auch von Heilpraktikern genutzt werden. Auch Sozialpädagogen (Diplom oder Master) können mit entsprechender Zusatzausbildung und staatlicher Prüfung als Kinder- und Jugendpsychotherapeut die Approbation für den genannten Bereich erlangen und den Begriff „Kinder- und Jugendpsychotherapeut" führen.

In einem Behandlungskonzept der stationären Psychotherapie, in dem mehrere Therapeuten zusammenwirken, gibt es zudem den Bezugstherapeuten als bindendes Element.

Heute werden mit dem Begriff Therapeut alleine oder in Verbindung mit ergänzenden Begriffen auch Anwender nicht heilbezogener Verfahren bezeichnet, etwa Wellnesstherapeut, Yogatherapeut, Schönheitstherapeut, Hundetherapeut, Transformations-Therapeut, Derma-Therapeut, Neurofeedbacktherapeut, Marte Meo Therapeut, Lerntherapeut, Landschaftstherapeut oder Vital-Therapeut. Alle diese Begriffe sind in Deutschland nicht gesetzlich geschützt; ihre Verwendung ist daher frei. Insofern kann heute aus dem Begriff Therapeut kein Hinweis auf einen medizinischen Kontext der Tätigkeit oder gar eine geschützte Berufsbezeichnung entnommen werden.

Wer also eine Praxis eröffnet und sich Bioresonanztherapeut/in, Quantenresonanztherapeutin/in, Vitalcoach, Therapeut/in für ganzheitliche Gesundheit, Vitalitätscoach, Ernährungsberater/in etc. nennt, ist im rechtlichen Rahmen.

Persönliche Anforderungen

Welche persönlichen Anforderungen es wirklich benötigt, um sich selbständig zu machen und eine eigene Praxis zu führen, kann nicht abschliessend definiert werden. Sicherlich braucht es nebst Mut zur Selbständigkeit und Durchhaltevermögen, Eigenverantwortung und organisatorisches Können. Das Wichtigste aber ist aus meiner Erfahrung Enthusiasmus, anderen Leuten mehr Lebensqualität zu vermitteln. Wer dieses Feuer in sich hat, anderen Menschen zu helfen und dies mit Leidenschaft macht, wird auch eine eigene Praxis führen können. Denn wer dies erfolgreich macht, sich Zeit nimmt für seine Kunden, sich laufend weiterbildet und vor allem auf seine Kunden eingeht und diese ganzheitlich betrachtet, wird alleine durch Empfehlungen zu neuen Kunden kommen, benötigt kein grosses Marketingbudget mehr und die wachsende Anzahl Kunden ermöglicht auch einen geordneten Aufbau und Betrieb einer eigenen Praxis.

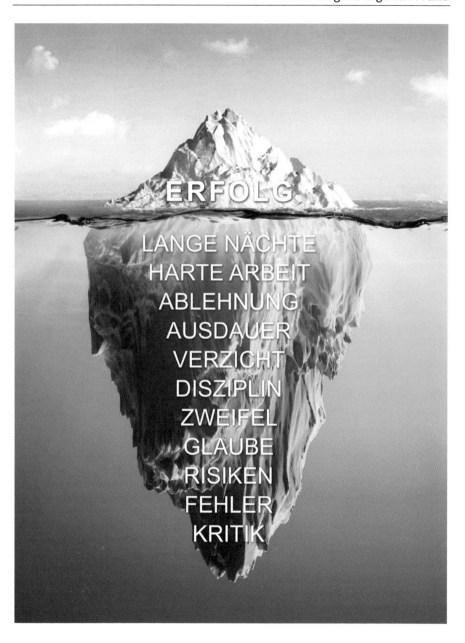

Wettbewerbsgesetz

Wer eine eigene Praxis führt, wird sicherlich auch eine eigene WebSite realisieren, präsent sein auf sozialen Medien und Werbung machen. Natürlich ist in all diesen Fällen auch das Wettbewerbsgesetz zu beachten.

Insbesondere muss hier auf folgende Dinge geachtet werden.

1. Keine Täuschung und/oder Irreführung der Leser/Kunden. Dies gilt vor allem bei der Werbung für Arzneimittel und Behandlungsverfahren
2. Werbung mit nicht anerkannten Berufsbezeichnungen (Osteopath, Akupunkteur, Homöopath)
3. Reklame mit der Krankengeschichte von Kunden; Bildliche Darstellung von Veränderungen des menschlichen Körpers im Laufe einer Behandlung
4. Werbung mit Dankesschreiben von Kunden

Mein Tipp:

- Bleiben Sie stets in Ihren Aussagen auf der WebSite und in Prospekten sachlich
- Geben Sie keine Heilversprechen ab! Dies ist verboten
- Als Therapeut dürfen Sie „nur" die Lebensqualität eines Kunden verbessern. Nicht aber mit kranken Patienten arbeiten
- Klären Sie ab, ob Sie Nahrungsergänzungsmittel direkt Ihren Kunden verkaufen dürfen. In manchen Kantonen/Bundesländern ist dies verboten und meist sehr regional geregelt. Heute gibt es auch die Möglichkeit, dass Sie sich registrieren können und dann Ihre eigene Registrierungsnummer Ihren Kunden weitergeben können. Diese können dann direkt bei den entsprechenden Shops einkaufen unter Nennung der Nummer und Sie erhalten eine Provision. Dies hat den Vorteil, dass Sie nicht in Vorleistung gehen und ein eigenes Warenlager anlegen, sich nicht um die Rechnung und Bezahlung kümmern muss und trotzdem eine Provision erhalten.
Auf www.vdm-nem.ch können Sie direkt eine solche Therapeutennummer online beantragen.
- Ist ein Patient in ärztlicher Behandlung, so geben Sie keine Empfehlungen ab bezüglich Veränderung der von Arzt gegebenen Therapie oder Medikamentation.
- Geben Sie keine „Empfehlungen" ab. Ich umgehe dies jeweils so, dass ich sage: „Ich würde bei diesen Beschwerden/Symptomen folgendes machen…"

Sonstige Vorschriften

Nebst den üblichen gewerblichen Anmeldungen (Handelsregister, AHV/IV, Versicherungen etc.) muss je nach Art der Praxis auch eine Anmeldung beim Gesundheitsamt erfolgen.

In der Schweiz unterscheidet man hier 2 Arten:

Bewilligungspflichtige Berufe

Eine Berufsausübungsbewilligung der Gesundheitsdirektion benötigt, wer unter eigener fachlicher Verantwortung und gewerbsmässig Krankheiten, Verletzungen oder sonstige Störungen von Menschen und Tieren behandelt. Betriebe wie HMO Praxen, Physiotherapien, Ergotherapien, med. Laboratorien und Rettungsdienste brauchen je nach Betriebsform zusätzlich eine Betriebsbewilligung.

Bewilligungsfreie Tätigkeiten

Personen, die bewilligungsfreie Tätigkeiten anbieten wie z. B. Akupressur, Bioresonanz, Fussreflexzonenmassage, Kinesiologie, klassische Massage, Moxibustion, Polarity, (nicht abschliessende Aufzählung) benötigen zur Berufsausübung keine Bewilligung, unterstehen jedoch der Aufsicht der Gesundheitsdirektion. Vor Aufnahme der Tätigkeit ist eine Anmeldung beim Amt für Gesundheit/Medizinische Abteilung erforderlich.

Diese ist heute eigentliche eine reine Formalität und kann online durchgeführt werden auf den jeweiligen kantonalen WebSites. Im Kanton Zug zum Beispiel unter:

https://www.zg.ch/behoerden/gesundheitsdirektion/amt-fuer-gesundheit/medizinische-abteilung/bewilligungen-meldepflicht/online-anmeldungsformular-bewilligungsfreie-taetigkeit

Aufklärungspflicht

Wer therapeutisch tätig ist, hat auch eine Aufklärungspflicht.

1. Der Kunde muss über die Art und voraussichtliche Dauer sowie die Risiken aufgeklärt werden
2. Der Kunde muss über die möglichen Kosten informiert werden. Falls eine schulmedizinische Behandlung durch Medikamente, spezielle Untersuchungen oder eine Operation indiziert ist und diese nicht vom Heilpraktiker durchgeführt werden kann, ist der Kunde darüber ausdrücklich aufzuklären.
3. Alle getroffenen Massnahmen müssen in einer „Patientenakte" erfasst sein, denn der Patient hat Anrecht auf Einsicht in die betreffenden Behandlungsunterlagen.

Sorgfaltspflicht

Wer therapeutisch tätig ist, hat auch eine grosse Verantwortung und sollte nicht nur sein ganzes Wissen und Können einsetzen, sondern auch eine entsprechend grosse Sorgfaltspflicht walten lassen. Wer eine Methode anwendet, mit deren Handhabung und Risiken er nicht in erforderlichem Masse vertraut ist, verstösst gegen diese Sorgfaltspflicht.

Aus diesem Grund sollte auch zu jeder angewendeten Technik ein entsprechender Nachweis vorhanden sein, dass man darauf auch ausgebildet ist.

Dabei gibt es vor allem in Bezug auf Krebs zwei Dinge zu beachten:

1. Wenn bei einem Krebspatienten ein bestimmtes Heilverfahren praktiziert wird, übernimmt der Therapeut die therapeutische Verantwortung und muss mindestens den Sorgfaltsstandard seines Arztes für Allgemeinmedizin garantieren.

2. Stellt der Therapeut fälschlicherweise die Diagnose Krebs und teilt dem Patient dies mit, stellt dies eine Gesundheitsverletzung dar und ein Schmerzensgeldanspruch kann beansprucht werden.

Schweigepflicht

Natürlich unterliegt auch eine therapeutisch tätige Person der Schweigepflicht. Wenn Angestellte im Betrieb sind, sind auch diese entsprechend
zu schulen und auch gegenüber Familienmitgliedern gilt eine
Schweigepflicht.

Berufsgeheimnisse dürfen nur in notwendigem Masse gegenüber
Krankenversicherungen und bei der Entbindung durch den Patienten
selbst weitergegeben werden.
Rechtlich gesehen ergibt sich die Schweigepflicht durch die
Nebenverpflichtungen aus einem Dienstvertrag. Dabei hat ein Therapeut
über alles, was er im Zusammenhang mit der Behandlung erfährt,
Stillschweigen zu bewahren.

In diesem Zusammenhang muss auch auf die elektronische
Datenverarbeitung hingewiesen werden und auf die neue DSGVO. Wer
also Patientendaten elektronisch erfasst, muss diese auch gemäss der
Grundverordnung schützen.
Dabei muss aber nicht so weit gegangen werden, dass ein Computer nun
jede Nach in den Tresor gelegt werden muss. Aber ein Minimum an
Datenschutz- und Sicherheit sollte auf jeden Fall eingehalten werden.

Hier einige (nicht abschliessende) Empfehlungen:

1. Der Computer sollte unbedingt mit einem Passwort versehen werden. Ein Computer darf nicht einfach gestartet werden und man kann sofort ohne Anmeldung arbeiten.

2. Das BIOS eines Computers sollte mit einem Passwort versehen werden. Dadurch kann sichergestellt werden, dass nicht einfach unbefugte, einen Computer neu starten, im Bios die Startreihenfolge ändern und dann den Computer von einem externen USB Stick oder einer externen Festplatte starten und danach auf die Daten zugreifen können.

3. Aus den unter 2 genannten Gründen sollte das Starten eines Computers von einem externen Medium im Bios abgeschaltet werden.

4. Der Computer hat mit einem Antivirenprogramm mit regelmässigen Aktualisierungen geschützt zu sein. Unter Windows genügt bereits der vorinstallierte Microsoft Windows Defender.

5. Machen Sie eine regelmässige Datensicherung. Meine Empfehlung: Richten Sie eine regelmässige und passwortgeschützte Datensicherung in die Cloud ein. Dies hat den Vorteil, dass Sie sich nicht mehr darum kümmern müssen und vor allem kann es nicht passieren, dass Sie bei einem allfälligen Datenverlust allenfalls nicht mehr darauf zugreifen können oder die Speichermedien gelangen in falsche Hände. Es nützt nichts, wenn Sie eine lokale Datensicherung machen und die Speichermedien am selben Ort wie die Daten haben. Bei einem Brand würden bei Datensätze verloren gehen.

6. Stellen Sie sicher, dass Patientendaten jederzeit geschützt sind. Selbst Name und Vorname eines Patienten sind schützenswert. Ein zufälliger Blick eines Patienten auf Ihren Computerbildschirm darf keinesfalls irgendeinen Namen eines anderen Patienten sichtbar zeigen.

Da ich beispielsweise an verschiedenen Orten arbeite, da ich in der Schweiz nebst meiner Praxis in Zug auch noch unser Office in Hünenberg, aber auch in Dubai und Miami je eine Firma habe, arbeite ich komplett in der Cloud mit einem reinen Internetzugang.

So kann ich immer meinen persönlichen Laptop mitnehmen (auch wenn ich zu externen Kundenbesuchen gehe, da ich auch öfters Messungen direkt bei den Kunden habe), aber auf dem PC sind keine Daten, da diese erst nach einem passwortgeschützten Login ins Internet zugänglich werden.

Rechtsform

Rund 80% aller Praxen in der Naturheilkunde kommen ohne Mitarbeiter/innen aus und machen auch einen Umsatz von weniger als CHF 100'000.—

Wenn auch Sie dazu gehören, so können Sie sich ruhig für die Rechtsform einer einfachen Gesellschaft entscheiden, da Sie so verschiedene Auflagen nicht einhalten müssen und alles viel einfacher geht. Auch die Gründungskosten sind dadurch natürlich viel kleiner.

Erst wenn Sie beispielweise noch viele Zusatzprodukte direkt verkaufen und Ihr Umsatz über 100'000.— steigt, sollten Sie in Betracht ziehen, Ihre Firma in eine GmbH umzuwandeln. Bis es aber soweit ist, können Sie getrost als Einzelfirma arbeiten.

Gründung, Anmeldung im HR, bei Behörden

Wie aber gründet man nun eine eigene Praxis?
In der Schweiz ist dies ganz einfach, da Sie dazu keinen Gewerbeschein o.ä. wie in anderen Ländern benötigen, um sofort therapeutisch tätig sein zu können.
Sie können also eigentlich den Gedanken fassen, eine eigene Praxis zu eröffnen und sofort loslegen.
Trotzdem würde ich empfehlen, dass Sie zwei Dinge auf jeden Fall machen.

1. Laden Sie sich das Formular zur Anmeldung einer einfachen Gesellschaft aus dem Internet herunter. Dieses finden Sie auf jeder Website der einzelnen kantonalen Handelsregisterämtern.

   In Zug beispielsweise:
   https://www.zg.ch/behoerden/volkswirtschaftsdirektion/handelsregist eramt/formulare/einzelunternehmen/fragebogen-zur-anmeldung-eines-einzelunternehmens.pdf/download

   Wenn Sie dieses Formular ausgefüllt haben, können Sie mit diesem direkt zum HR gehen, dort auch gleich die Unterschrift beglaubigen und einen Auszug für Ihre Akten bestellen. Die gesamten „Gründungskosten" kommen so auf unter CHF 100.—

Ich empfehle Ihnen unbedingt, dies zu machen, denn mit dieser Eintragung erhalten Sie auch eine eindeutige UID Nummer und haben Sie es auch einfacher, bei der Bestellung in manchen Onlineshops, beim Bestellen einer separaten Telefonnummer, der Eröffnung eines separaten Bankkontos etc.

2. Da es sich bei Ihrer Praxis um eine Nicht-Bewilligungspflichtige Berufsausübung handelt, (z.B. Akupressur, Bioresonanz, Fussreflexzonenmassage, Kinesiologie, klassische Massage, Moxibustion, Polarity, benötigen Sie zur Berufsausübung keine Bewilligung, unterstehen jedoch der Aufsicht der Gesundheitsdirektion. Vor Aufnahme der Tätigkeit ist eine Anmeldung beim Amt für Gesundheit/Medizinische Abteilung erforderlich. Diese ist heute eigentliche eine reine Formalität und kann online durchgeführt werden auf den jeweiligen kantonalen WebSites. Im Kanton Zug zum Beispiel unter:

https://www.zg.ch/behoerden/gesundheitsdirektion/amt-fuer-gesundheit/medizinische-abteilung/bewilligungen-meldepflicht/online-anmeldungsformular-bewilligungsfreie-taetigkeit

Wenn Sie diese zwei Dinge gemacht haben, sind Sie bereits auf bestem Weg. Eine separate Nachfrage bei der AHV/IV Stelle müssen Sie nicht machen, da diese automatisch auf Sie zukommen, wenn Ihr Firmeneintrag im Handelsregister publiziert wird.
Nur wenn Sie auf die Eintragung im HR verzichten, müssen Sie stattdessen sich bei Ihrer lokalen AHV/IV Stelle melden und dort Ihre Tätigkeit als Selbstständig-Erwerbende/r anmelden.

Muster eines HR Auszuges

Versicherungen

Wer therapeutisch tätig ist (und de facto ist man dies, wenn man eine Bioresonanzanalyse oder –therapie anbietet, auch wenn man sich nicht als Therapeutin oder Therapeut beim Gesetzgeber anmelden muss), sollte sich allenfalls auch einmal Gedanken über den Versicherungsschutz machen.

Das Minimum an Versicherungsschutz ist der Abschluss von 2 Versicherungspolicen. Der Haftpflicht und der Betriebsrechtsschutzversicherung.

Durch eine enge Zusammenarbeit mit der NBZ – neutrales Beratungszentrum können diese Versicherungen zu sehr guten Konditionen abgeschlossen werden und decken alle Bedürfnisse im dafür benötigten Umfang.

Wenn bei Ihnen Versicherungen ein Thema sind, so können Sie sich gerne direkt mit der Firma NBZ in Verbindung setzen.

NBZ – Neutrales Beratungszentrum
Patrick G. Vollenweider
Bösch 43
6331 Hünenberg

Die Maklerzulassung der Firma NBZ können Sie auch direkt online einsehen und herunterladen unter:

http://www.vdm-academy.ch/versicherung

Rechtsschutzversicherung

Als Betriebsrechtsschutzversicherung empfehlen wir die Police „B-Business" bei der Dextra. Die Jahresprämie dafür beträgt bescheidene Fr. 420.—/Jahr, also gerade mal Fr. 35.—/Monat.

Eine Musterofferte für diese Versicherung können Sie anschauen unter:
http://www.vdm-academy.ch/versicherung

Zürich Business Medic Haftpflichtversicherung

Eine Haftpflichtversicherung wird unbedingt empfohlen, da diese zu sehr guten Konditionen von gerade Mal Fr. 288.80/Jahr ausgezeichnete Leistungen erbringt.

Eine Musterofferte dieser Versicherung können Sie hier anschauen:
http://www.vdm-academy.ch/versicherung

Unter anderem sind dies:

Versicherte Haftpflicht	Versicherungs-summe CHF	Selbstbehalt CHF
Grundversicherung		
Personen-, Sach- und reine Vermögensschäden zusammen pro Ereignis (Höchstversicherungssumme)	5'000'000	500
Die nachfolgenden Versicherungssummen gelten als im Rahmen der Höchstversicherungssumme gewährt (Sublimiten).		
Rechtsschutz im Strafverfahren	250'000	500

Versicherungssummen-Begrenzung
Die Höchstversicherungssumme und alle Versicherungssummen gelten als Einmalgarantie pro Versicherungsjahr.

Selbstbehalte
Der Selbstbehalt gilt pro Ereignis.

	Berechnungs-grundlage Personen in Stellenprozent	Prämiensatz CHF	Jahresprämie CHF
Grundversicherung			
Naturarzt, Naturheilpraktiker	1.00	275.000	275.00

AHV/IV, Rentenvorsorge

Ob Ihre Erwerbstätigkeit als selbständige oder unselbständige Erwerbstätigkeit eingestuft wird, entscheidet die Ausgleichskasse aufgrund der wirtschaftlichen und arbeitsorganisatorischen Verhältnisse im Einzelfall. Ohne Bestätigung der Ausgleichskasse gelten Sie im sozialversicherungsrechtlichen Sinne nicht als Selbständigerwerbend.

Als sozialversicherungsrechtlich selbständigerwerbend gelten Frauen und Männer, die unter eigenem Namen und auf eigene Rechnung arbeiten in unabhängiger Stellung sind und ihr eigenes wirtschaftliches Risiko tragen Selbständigerwerbende treten nach aussen mit einem Firmennamen auf. Das heisst, sie besitzen beispielsweise einen Eintrag im Handelsregister, im Adress- und Telefonbuch, eigenes Brief- und Werbematerial oder eine Bewilligung zur Berufsausübung. Sie stellen zudem in eigenem Namen Rechnung, tragen das Inkassorisiko und rechnen die Mehrwertsteuer ab tragen ihr eigenes wirtschaftliches Risiko. Das heisst, sie tätigen beispielsweise Investitionen mit langfristigem Charakter, kommen für ihre Betriebsmittel selbst auf und zahlen die Miete für die Arbeitsräume selbst. Zudem sind sie frei in der Auswahl der Arbeiten können ihre Betriebsorganisation frei wählen. Das heisst, sie bestimmen selbst ihre Präsenzzeit, die Organisation ihrer Arbeit und ob sie Arbeiten an Dritte weitergeben. In der Regel üben sie ihre Arbeit in Räumen ausserhalb ihrer Wohnung aus sind für mehrere Auftraggeber tätig. Die Tätigkeit für lediglich einen Auftraggeber gilt im Normalfall als unselbständige Erwerbstätigkeit.

Ob eine versicherte Person im Sinne der AHV selbständigerwerbend ist, beurteilt die Ausgleichskasse im Einzelfall und für das Entgelt der jeweiligen Tätigkeit. Es ist also nicht ausgeschlossen, dass die gleiche Person für eine andere Tätigkeit als unselbständigerwerbend beurteilt wird. Massgebend für die Beurteilung der Ausgleichskasse sind die wirtschaftlichen, und nicht die vertraglichen Verhältnisse. Selbständigerwerbende ist nicht gegen Arbeitslosigkeit und nicht obligatorisch gegen Unfall versichert. Zudem fallen sie nicht unter das Obligatorium der beruflichen Vorsorge.

Beitragspflicht
Selbständigerwerbende müssen ab dem 1. Januar nach Vollendung ihres 17. Altersjahrs Beiträge entrichten. Die Beitragspflicht endet, wenn das ordentliche Rentenalter erreicht ist und die Erwerbstätigkeit aufgegeben wird.

Beiträge von selbständigen AHV-Rentnerinnen und AHV-Rentnern
Personen, die das ordentliche Rentenalter erreicht haben und weiter selbständig erwerbstätig sind, zahlen weiterhin Beiträge an die AHV, IV und EO. Auf das erzielte Einkommen wird ein Freibetrag von 1'400 Franken monatlich oder 16'800 Franken jährlich in Abzug gebracht.

Beitragsfestsetzung
Die Höhe der Beiträge wird auf der Basis des aktuellen Einkommens des Beitragsjahres berechnet. Für die Berechnung der Beiträge ziehen die Ausgleichskassen vom Erwerbseinkommen einen Prozentsatz des im Betrieb investierten Eigenkapitals ab. Dabei ist der Wert des Eigenkapitals am 31. Dezember des Beitragsjahres massgebend. Die provisorische Beitragshöhe kann online berechnet werden.

Die Beiträge des laufenden Jahres werden provisorisch, aufgrund des voraussichtlichen Einkommens im laufenden Beitragsjahr bzw. auf den Zahlen des Vorjahres festgesetzt. Akontobeiträge müssen in der Regel vierteljährlich bezahlt werden. Die Rechnungen werden mit 10 Tagen Zahlungsfrist ausgestellt.

Die definitiven Beiträge werden aufgrund der Steuerveranlagung festgesetzt und mit den bereits bezahlten Akontobeiträgen verrechnet. Stellt eine selbständigerwerbende Person bei Geschäftsabschluss fest, dass die bezahlten Akontobeiträge zu tief sind, muss sie dies unverzüglich der Ausgleichskasse melden. Wer diese Meldung unterlässt, riskiert die Verrechnung von Verzugszinsen.

Kapitalgewinne
Kapitalgewinne aus Veräusserung, Verwertung oder buchmässiger Aufwertung von Geschäftsvermögen sowie die Überführung von Geschäftsvermögen in Privatvermögen gelten als Einkommen aus selbständiger Erwerbstätigkeit.

Familienzulagen
Arbeitnehmerinnen und Arbeitnehmern sowie Nichterwerbstätige in bescheidenen wirtschaftlichen Verhältnissen haben Anspruch auf Kinder- und Ausbildungszulagen. Per 1. Januar 2013 wurden zudem alle Selbständigerwerbenden in der Schweiz obligatorisch dem Familienzulagengesetz unterstellt. Sie sind somit ebenfalls anspruchsberechtigt aber auch beitragspflichtig.

Für Kinder bis zum vollendeten 16. Altersjahr wird eine monatliche Kinderzulage von 300 Franken ausbezahlt. Kinder in Ausbildung erhalten bis zum Ende der Ausbildung, längstens bis zum 25. Geburtstag, eine Ausbildungszulage von 300 Franken (17. und 18. Altersjahr) bzw. von 350 Franken (ab 19. Altersjahr).

EO- und Mutterschaftsentschädigung

Selbständigerwerbende erhalten eine Betriebszulage von 67 Franken pro Tag für die Dauer der Dienstabwesenheit gemäss EO-Gesetz. Selbständigerwerbende Frauen haben Anspruch auf eine Mutterschaftsentschädigung. Dieser muss direkt bei der Ausgleichskasse geltend gemacht werden. Für Berechnung und Auszahlung der EO- und Mutterschaftsentschädigungen sind die Ausgleichskassen auf vollständige Informationen gemäss Anmeldung angewiesen.

Invalidenversicherung

Versicherte Personen, die für längere Zeit durch gesundheitliche Probleme am Arbeitsplatz eingeschränkt sind, sollten sich möglichst schnell bei der IV-Stelle Ihres Wohnsitzkantons zur Früherfassung melden. Sind weitere berufliche Massnahmen der Invalidenversicherung angezeigt, können Sie für die Dauer der Eingliederungsmassnahmen ein IV-Taggeld erhalten. Diese stellen den Lebensunterhalt der Versicherten und ihrer Familienangehörigen während der Eingliederung sicher.

Pensionskasse/3.Säule/Rente

Anders als Arbeitnehmende sind Selbstständigerwerbende nicht dem obligatorischen System der Beruflichen Vorsorge unterstellt und daher frei in ihrer Entscheidung für die soziale Absicherung. Sie müssen also nicht in die 2. Säule einzahlen. Es wird jedoch empfohlen, es zu tun, am sich im Ruhestand einen gewissen Lebensstandard zu sichern. Selbstständigerwerbende können sich das kumulierte Kapital aus ihrer Zeit als Arbeitnehmende auszahlen lassen und sich dann einer Pensionskasse ihrer Wahl anschliessen. Wie bei der 1. Säule sind die Beiträge vollständig von ihnen selbst zu tragen.

Die 3. Säule ist ebenfalls fakultativ.

Mehrwertsteuer

Selbstständigerwerbende, die einen Umsatz von mehr als CHF 100'000 erzielen, unterliegen mit einigen Ausnahmen (zum Beispiel Versicherungen, Gesundheit oder Landwirtschaft) der MWST-Pflicht. Sie müssen sich bei der Eidgenössischen Steuerverwaltung (EStV) anmelden.

Es ist möglich, sich direkt auf der Website der EStV bei der MWST anzumelden oder zu prüfen, ob die Voraussetzungen dafür gegeben sind.

Der Link dazu ist:
https://www.estv.admin.ch/estv/de/home/mehrwertsteuer/dienstleistun gen/formulare-online/anmeldung-bei-der-mwst.html

Buchhaltung

Die Eintragung im Handelsregister bewirkt eine Buchhaltungspflicht. Bis zu einem Umsatz von CHF 500'000 können sich Selbstständigerwerbende auf eine zusammenfassende Buchhaltung beschränken (Stand der Aktiva und Passiva, Auflistung der Einnahmen und Ausgaben, Abrechnung der privaten Entnahmen und Einlagen).
Eine saubere Buchführung ist Grundvoraussetzung für jede erfolgreiche Geschäftstätigkeit. Nur wer Zahlungsein- und -ausgänge lückenlos verbucht, hat eine Kontrolle darüber, wie es um sein Unternehmen wirklich steht.

Ein Einzelunternehmen, dessen Umsatz maximal CHF 500'000 beträgt, muss mindestens eine Buchhaltung führen, welche die Einnahmen, die Ausgaben und die Vermögenslage umfasst. Theoretisch würde es genügen, wenn sie alle Quittungen und Belege einigermassen geordnet aufbewahren und bei einer allfälligen Steuerkontrolle dem Beamten vorweisen.
Für einen kaufmännisch geführten Betrieb reicht das auf keinen Fall. Solche "Schuhschachtelbetriebe" sind praktisch ausnahmslos zum Scheitern verurteilt, weil jegliche finanzielle Kontrolle fehlt. Die Finanzen sollten in jedem Unternehmen "Chefsache" sein - auch wenn eine betriebsinterne Buchhalterin oder ein externer Treuhänder damit betraut sind.

Gründerinnen und Unternehmer müssen daher zumindest Basiskenntnisse in Buchhaltung und Finanzen haben. Nur so sind sie in der Lage, die finanzielle Situation des eigenen Betriebs anhand der Buchführung zu erläutern, was beispielsweise bei der Aufnahme eines Bankenkredits unabdingbar ist.

Die Geschäftsunterlagen müssen mindestens zehn Jahre lang aufbewahrt werden.

Heute gibt es Softwarepakete wie Comdata, Bexio, Cresus oder Bananas, welche nicht nur Rechnungen schreiben, sondern auch die ganze Buchhaltung direkt machen können. Diese zu bedienen ist nicht sonderlich kompliziert und Sie haben erst noch immer einen Top Überblick.

Treuhand

Natürlich ist es ist auch möglich, die Buchhaltung an eine Drittperson zu übertragen. Dies hat aber natürlich auch immer wieder Kosten zur Folge und gerade eine kleine Praxis sollte die Kosten möglichst klein halten. Meine Empfehlung ist hier, dass Sie die Buchhaltung selber machen (siehe vorhergehendes Kapitel) aber den Jahresabschluss dann einer Treuhänder übergeben, sollte Ihre Firma etwas gewachsen sein und es allenfalls einige spezielle Buchungen gab.

Steuern bei selbständiger Erwerbstätigkeit

Für die Besteuerung selbständig erwerbender Steuerpflichtiger gelten folgende Regeln:

Für die Ermittlung des Einkommens aus selbständiger Erwerbstätigkeit ist das Ergebnis der in die Steuerperiode fallenden Geschäftsabschlüsse massgebend (§ 47 Abs. 2 StG; Art. 41 Abs. 2 DBG). Grundsätzlich werden die Ergebnisse der Geschäftsabschlüsse stets in ihrem tatsächlichen Umfang für die Bestimmung des massgeblichen Einkommens herangezogen. Dies gilt auch bei Aufnahme oder Aufgabe der selbständigen Erwerbstätigkeit, sofern die Steuerpflicht während des ganzen Jahres besteht. Bei Aufgabe der selbständigen Erwerbstätigkeit sind alle bisher unversteuert gebliebenen stillen Reserven zusammen mit dem Reingewinn des betreffenden Geschäftsjahres zu versteuern. In jeder Steuerperiode ist ein Geschäftsabschluss zu erstellen (§ 47 Abs. 3 StG, Art. 41 Abs. 3 DBG). Kein Geschäftsabschluss ist zu erstellen, wenn die Erwerbstätigkeit erst im letzten Quartal der Steuerperiode aufgenommen wurde (§ 47 Abs. 3 StG). Wenn wie im letzten Fall kein Abschluss erstellt wird, so kann in der betreffenden Steuerperiode auch noch kein Einkommen aus der selbständigen Erwerbstätigkeit besteuert werden. Dieses wird erst in der folgenden Steuerperiode erfasst.

Das steuerbare Geschäftsvermögen bestimmt sich nach dem Eigenkapital am Ende des in der Steuerperiode abgeschlossenen Geschäftsjahres (§ 48 Abs. 2 StG).

Beispiel 1:

Aufnahme der selbständigen Erwerbstätigkeit mit überjährigem erstem Geschäftsjahr

Eine selbständig erwerbende Person erzielt folgendes Einkommen:

	Tatächliche Einkünfte Fr.	Steuerbares Einkommen Fr.	satzbestimmendes Einkommen Fr.
Steuerbares Einkommen 2002			
Unselbständige Erwerbstätigkeit	80'000 –	80'000 –	80'000 –
(1.1. - 30.09.2002)			
Selbstständige Erwerbstätigkeit	--	--	--
(1.10.2002 - 31.12.2003)			
Steuerbares Einkommen 2002		80'000 –	80'000 –
Satzbestimmendes Einkommen 2002		80'000 –	80'000 –
Steuerbares Einkommen 2003			
Selbständige Erwerbstätigkeit	90'000 –	90'000 –	90'000 –
(1.10.2002 - 31.12.2003)			
Nebenerwerb 2003	4'800 –	4'800 –	4'800 –
Steuerbares Einkommen 2003		94'800 –	
Satzbestimmendes Einkommen 2003			94'800 –

Beispiel 2:

Zwei Geschäftsabschlüsse in einer Steuerperiode

Eine selbständig erwerbende Person erzielt 2003 folgendes Einkommen:

	effektive Einkunfte Fr.	steuerbares Einkommen Fr.	satzbestimmendes Einkommen Fr.
Steuerbares Einkommen 2003			
Selbständige Erwerbstätigkeit	90'000 –	90'000 –	90'000 –
(1.7.2002 - 30.6.2003)			
Selbständige Erwerbstätigkeit	65'000 –	65'000 –	65'000 –
(1.7. - 31.12.2003)			
Steuerbares Einkommen 2003		150'000 –	
Satzbestimmendes Einkommen 2003			155'000 –

Quelle:

https://www.zg.ch/behoerden/finanzdirektion/steuerverwaltung/steuerbuch-zug/erlauterung-zu-a7-3-unselbstaendige-ganzjaehrige-steuerpflicht/selbstaendige-erwerbstaetigkeit-und-unberschraenkte-ganzjaehrige-steuerpflicht

Bankverbindung, Kreditkarte, Paypal, Cashbackcard, Bonuscard

Schaffen Sie von Anfang an Klarheit in Ihren Finanzen. Als Selbständig Erwerbende/r werden Sie genügend Belege erhalten, welche es klar einzuordnen gilt, ob diese für private Belange oder für Ihre Firma gelten.

Aus diesem Grund ist es sehr zu empfehlen, dass Sie gleich nach der Firmenanmeldung und Gründung ein separates Bankkonto eröffnen, eine Kreditkarte beantragen und danach auch einen Account auf PayPal (www.paypal.com) eröffnen, auf welchem Sie diese Kreditkarte hinterlegen können.

In vielen Onlineshops können Sie mit Paypal bezahlen, was sicherer ist, als mit der Kreditkarte, denn der Verkäufer erhält bei der Zahlung mittels PayPal keine direkten Angaben zur verwendeten Kreditkarte und dadurch sind Sie noch besser vor Missbrauch geschützt.

Eine weitere sehr interessante Lösung ist zum Beispiel auch die Cashbackkarte

Immer wenn Sie mit dieser Karte bezahlen, erhalten Sie automatisch 3% Cashback, was natürlich langfristig gesehen, sehr interessant ist.

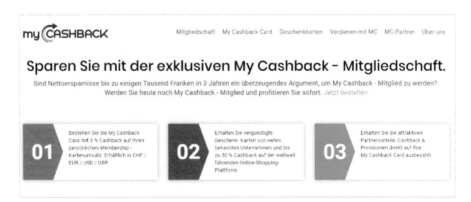

Im Jahr können so schnell mal über CHF 2400.— gespart werden.

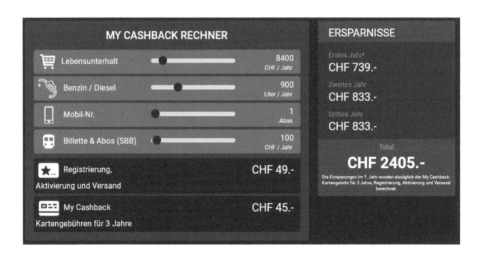

Exklusive Weltneuheit!

- 3 % Cashback auf Ihren gewählten Membership - Umsatz, online und offline.
- Prepaid - Karte, verfügbar in CHF / EUR / USD / GBP
- weltweit über 40 Mio. Akzeptanzstellen
- exklusiv nur bei My Cashback AG erhältlich
- kostenloser Zugang zur Dubli-Shoppingwelt
- Aufladegebühr nur 0.5 %

- Jahresgebühr CHF 15.00
- kostenlose Überweisung von Karte zu Karte
- kein Auflade-Limit, kein Vermögensnachweis nötig
- Ihr Cashback wird direkt auf Ihre Karte gutgeschrieben
- keine POS-Gebühren
- Bankomatbezug weltweit nur CHF 4.00

Karte bestellen

Weltweit bezahlen mit
My Cashback Card
online und offline

Erhalte 3 % Cashback
netto online und offline

Der Link zur Anmeldung ist:

https://login.my-cashback.com/C5443

Zusätzlich für mich auch eine Kreditkarte bestellen, welche unabhängig von Ihrem eröffneten Bankkonto ist.

Sehr gute Konditionen bietet Ihnen da zum Beispiel Bonuscard.ch.
Diese Karte ist übrigens auch auf dem Smartphone bei ApplePay und
Samsung Pay hinterlegbar.

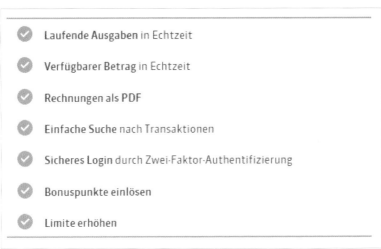

Link:
https://www.bonuscard.ch/de/kundencenter/kreditkarte-verwalten

Benzinkarte

Wenn Sie ein Auto haben, so sollten Sie unbedingt auch eine Business-Tankkarte haben. Dadurch entfällt einerseits die ewige Suche nach den Kassazetteln oder die Benzinbuchungen erscheinen auf Ihrer Kreditkarte, sondern Sie erhalten jeden Monat eine saubere Abrechnung aller Benzinbezüge.

Darüber hinaus erhalten Sie auch je nach Gesellschaft meist ca. 3 Rp Rabatt auf das Benzin.

© VDM-Academy GmbH

Bei Migrol gibt es zum Beispiel noch viele weitere Vorteile:

- Flächendeckende Akzeptanz an rund 370 Tankstellen in der Schweiz und im Fürstentum Liechtenstein (an allen Migrol Tankstellen sowie an Shell Tankstellen mit migrolino Shop)
- Bargeldloses Tanken, Waschen und Einkaufen
- Migrol Company Card Daten online selbstständig verwalten
- Profitieren Sie vom Firmenmitarbeiterangebot
- Einfache Spesenadministration dank detaillierter, MWST-konformer Monatsrechnung
- E-Rechnung
- Flottenanalyse für optimale Kontrolle
- Im Durchschnitt 45 Tage Kredit
- Sicherheit dank PIN-Code
- Wählbare Einkaufsberechtigung pro Karte

Ein Antrag kann direkt online erfasst werden unter:
https://www.migrolcard.ch/de/Firmenkunden/Kartenantrag-fuer-Firmen.aspx

Angebot

Therapeutische Dienstleistungen

Heute gibt es allein in der Region D-A-CH über 200 verschiedene Haupttherapiearten. Im Kapitel 13 haben wir die wichtigsten Therapiearten deshalb aufgelistet. In welchem Bereich Sie tätig sein möchten, ist natürlich ganz Ihnen überlassen.

Nachfolgend haben wir sechs verschiedene Therapien/Coachings aufgeführt und kurz erklärt, welche sich optimal dafür eignen, komplementär zu anderen Therapiearten anzubieten, da damit bereits sehr viele Symptome behandelt werden können.

Gesundheitscheck - Quanten Resonanz Analyse

Das Wichtigste bei jedem Neukunden ist sicherlich eine genaue Anamnese. Sehr häufig fallen dabei dem Kunden bereits hier Sachen auf, welche er/sie bisher gar nicht so wahrgenommen hat. Ohne eine gute Anamnese kann es schnell passieren, dass man allenfalls nicht die optimale Lösung zur Verbesserung der Lebensqualität findet. Je nach Therapieangebot kann eine solche Anamnese sehr kurz ausfallen und nur ca. 15-20 Fragen haben (Im Kapitel «Patientendaten erfassen» finden Sie ein Musterpatientenblatt mit den wichtigsten Fragen) oder aber wesentlich mehr und 200 Fragen und mehr beinhalten, wie dies häufig bei Kinesiologen der Fall ist.

Was in der heutigen Naturheilpraxis auf keinen Fall fehlen sollte, ist ein kompletter Vitalcheck mit einem Quanten Resonanz Analyser. Diese Geräte sind sehr günstig in der Anschaffung (es gibt solche Geräte bereits ab Fr. 250.—) und eine ausführliche Schulung dauert gerademal 2 Tage (1 Tag Einführung und 1 Tag Aufbaukurs) und bieten die Möglichkeit, dass man nach nur 90 Sekunden eine äusserst detaillierte Auswertung von über 240 Vitalparametern erhält und so sofort sieht, ob im Körper möglicherweise verschiedene Funktionen optimiert werden können.

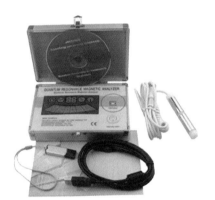

Auszug aus der Analyse, welche sofort nach der Messung erstellt wird und rund 100 Seiten umfasst.

Ein weiterer Vorteil des Gerätes ist es, dass es sehr kompakt ist und so auch gut mitgenommen werden kann.

Erhalten Sie mit einem Test mehr als 240 Gesundheits-Informationen. Ohne Blutabnahme und ohne Strahlung.

Und die Ergebnisse sind sofort verfügbar.

**Die Vorteile einer Anamnese mit dem
Quanten Resonanz Magnet Analyser**

✓ Keine Blutentnahme oder Strahlenbelastung
✓ Ein einziger Test liefert mehr als 240 Messwerte aus 39 Bereichen
✓ Keine Wartezeiten auf Ergebnisse und Auswertungen
✓ Breit gefächertes Analysespektrum mit nur einem Scan
✓ Aussagen über Ihre persönliche Ernährungs- und Stoffwechsel-
  Situation
✓ Früherkennung eventueller Organfunktionsstörungen ermöglicht
  rechtzeitige Stabilisierung bzw. echte Vorsorge
✓ Darstellung der Messergebnisse in leicht verständlichen Grafiken mit
  ausführlicher Erläuterung
✓ Massive Ersparnis an Geld und Zeit im Vergleich zu einzelnen Labor-
  und anderen Untersuchungen

Wie funktioniert der Quantum Resonance Magnetic Analyzer?
Im ständigen Prozess von Zellwachstum, Zellteilung und Erneuerung
bewegen sich auch die Grundbausteine der Zellen, die geladenen
Elektronen, mit hoher Geschwindigkeit. Dabei geben sie
elektromagnetische Wellen ab, die den jeweiligen Zustand des Körpers
abbilden. Wenn es gelingt, diese Signale zu analysieren, können sie
Auskunft geben über die Gesundheit des gemessenen Systems. Eine neue
Generation von Messgeräten wie der Quantum Resonanz Magnetic
Analyzer (QRMA) und/oder Bioscan Skalarwellen-Analysator (Bioscan-
SWA) mit vergleichbarer Technik und Software, ermöglichen heute genau
diese Analyse. Ein Handsensor, der lediglich eine Minute locker gehalten
werden muss, sammelt die schwachen elektromagnetischen
Frequenzinformationen des Körpers.

Nach deren technischer Verstärkung und Verarbeitung durch den im Analysegerät eingebauten Mikroprozessor werden die aktuellen Messungen mit der riesigen Menge hinterlegter Resonanzspektren gesunder und abweichender Werte in Bezug auf Nährstoffe, Schadstoffe und bestimmte Körperfunktionen verglichen.

Nach dem Test stehen SOFORT auf rund 100 Seiten alle Ergebnisse inklusiver genauer Erklärung und einer Zusammenfassung mit Tipps zur Verbesserung der Gesundheit als PDF zur Verfügung.

Welche Informationen erhalten Sie durch den Test?
Ohne Blutabnahme, ohne Strahlenbelastung und mit minimalem Zeitaufwand erhalten Sie nach nur einem einzigen Test in einem grafischen Protokoll dargestellte, detailliert aufgeschlüsselte Informationen über mehr als 240 Werte Ihres Gesundheitszustandes aus 39 verschiedenen Bereichen. Dazu gehören unter anderem:

- Vitalstoff-Analyse (Vitamine, Minerale, Spurenelemente, Aminosäuren, Co-Enzyme)
- Zucker- und Cholesterin-Werte
- Knochendichte, Osteoporose- und Rheuma-Werte
- Zustand von Hals- und Lendenwirbelsäule
- Schwermetall-Belastung, Rückstände von Pestiziden
- Funktion von Leber, Bauchspeicheldrüse, Verdauungssystem, Lunge, Nieren, Hirnnerven, männlichen und weiblichen Geschlechtsorganen (z.B. Früherkennung von Prostata-Vergrösserung)
- Schilddrüse mit T3, T4 und Autoimmun-Werten
- Herz-Kreislauf-System einschliesslich Infarkt-Index
- Immunsystem
- Allgemeiner körperlicher Zustand

Die Messungen sind beliebig oft reproduzierbar. Sie können als Grundlage dienen für persönliche Entscheidungen zum Lebensstil (z.B. für das Essverhalten) wie auch für eine individuelle Gesundheitsberatung bis hin zu therapeutischen Massnahmen (Unterstützung durch manuelle Therapie, homöopathische Mittel, orthomolekulare Programme usw.). Nach einigen Wochen oder Monaten können sie mit den ursprünglichen Werten verglichen werden und so die Entwicklung verdeutlichen.

Wie ist der Testablauf?

Prinzipiell kann jeder Mensch ab dem 12. Lebensjahr getestet werden. Ausgenommen sind Schwangere sowie Träger von Schrittmachern oder metallischen Prothesen (z.B. im Hüftgelenk; Zahnprothesen sind dagegen kein Problem). Kleinere Kinder können, soweit sie bereits in der Lage sind, den Sensor entsprechend lange zu halten, ebenfalls den Test absolvieren. Für sie liegen jedoch nur Referenzwerte der Bereiche Vitamine, Spurenelemente, Co-Enzyme und Schwermetalle vor, was allerdings in manchen Fällen ebenfalls schon sehr hilfreich sein kann.

Der Test selbst dauert nur eine Minute und erfordert von Ihnen lediglich das Halten eines Handsensors (Männer-linke Hand, Frauen-rechte Hand). Die Testergebnisse werden nach dem Test besprochen und können dem Probanden in einer PDF-Datei per E-Mail zugesandt werden.

Wassercoaching

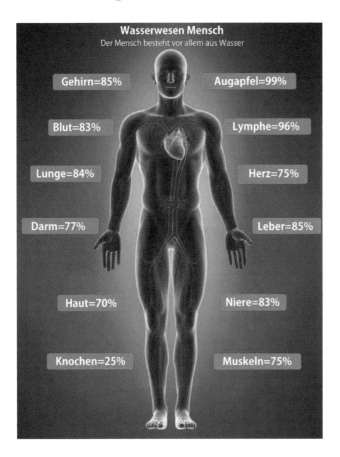

Der Mensch besteht aus 70% Wasser und davon sind rund 90% basisch. Wenn man dies also schon weiss, sollte man mit der Gesundheitsvorsorge auch genau dort anfangen, wo am Meisten vorhanden ist. Wenn Sie ein Aquarium haben, und die Fische krank sind, beginnen Sie auch nicht bei den pflanzen, sondern wechseln das Wasser.

Das Trinken von gesundem, basischem Wasser ist mit Sicherheit die günstigste und einfachste Möglichkeit, das körperliche Wohlbefinden und die Lebensqualität zu steigern.

Man muss aber auch einiges dazu wissen und dies kann man sehr gut in einem kurzen «Wassercoaching» im Rahmen eines normalen Besuches vermitteln.

Themen dabei können sein:

1. Woraus besteht der Mensch
2. Warum Leitungswasser besser als Mineralwasser ist
3. Warum Leitungswasser trotzdem noch gefiltert werden muss.
4. Wo hilft überall basisches Aktivwasser
5. Was bedeuten PH Wert und Wasserspannung
6. Wie kann man selber basisches Wasser herstellen
7. Ecaia Carafe versus Ionizer
8. Warum basisches Wasser die Aufnahme von Nahrungsergänzungsmitteln   und Medikamenten massiv verbessert
9. Wann und wie viel Wasser sollte man trinken

Hier einige Auszüge aus «meinem» Wassercoaching

Unser Trinkwasser enthält viele Inhaltsstoffe wie Pestizide, Hormone, Medikamentenrückstände, Lacke, Schwermetalle, Chlor und vielem mehr, was nicht hineingehört.

Wenn man bedenkt, dass pro Tag durchschnittlich 1400 Liter Blut (davon 770 Liter Wasser) durch das Gehirn gepumpt werden, so muss man sich zwangsläufig die Frage stellen:

«Will ich denn wirklich, dass Wasser dieser Qualität durch mein Gehirn fliesst»?

Dabei ist es so einfach, «gesundes» Wasser herzustellen. Es gibt heutzutage Filtersysteme für rund Fr. 170.—, welche das Wasser in einem Schritt von allen wichtigen Schadstoffen befreien, das Wasser neu informieren, Ionisieren und gleichzeitig auch den PH-Wert vom heutigen Wasser Standard mit 7 PH auf 9 PH (basisch) erhöhen.

Gesundes Wasser hat aber viele weitere Vorteile und kann vielerorts helfen:

hohen Blutdruck	Diabetes
schlechte Blutzirkulation	Darmträgheit
allgemeine Erkältungen	Muskelschmerzen
Gicht und Arthrose	morgendliche Übelkeit
Osteoporose	Hyperaktivität
Diarrhöe	Wassereinlagerungen
Harnsteine	langsame Wundheilung
chronische Müdigkeit	Kater
Körpergeruch	Fettleibigkeit

In der ayurvedischen Lehre ist das 10 – 20 Minuten lang gekochtes Wasser schon sehr lange als gesundheitsfördernde Massnahme bekannt. Wasser hat normalerweise etwa 8'000 – 10'000 zusammenhängende Molekülverbände (Cluster). Durch das länger Kochen (mehr als 10 Minuten) bleiben nur noch Cluster von ca. 2 Molekülen und das Wasser kann leichter den Darm- und Zellmembranen passieren.

Ausserdem werden zusätzlich Elektronen-Brückenverbindungen geöffnet, so dass das Wasser somit Giftstoffe besser binden kann.

Wasser durch Elektrolyse ionisieren?

Die zugrunde liegende Idee ist einfach: "basisches Wasser" ist gut für den Körper und auch eine entscheidende Waffe im Kampf gegen alle möglichen Krankheiten und chronischen Gesundheitsstörungen.

Der gängige Begriff "basisch", der einen bestimmten Wassertyp bezeichnet, ist weder technisch exakt noch wissenschaftlich korrekt. Chemiker stellen den Säure- und Basenwert auf einer pH-Skala von 0 bis 14,0 dar. Saure Lösungen haben einen pH-Wert unter 7,0.

Keine Mineralstoffe = totes Wasser?

Es gab eine Zeit, da empfahlen alle führenden Gesundheitsexperten absolut reines Wasser als das gesündeste. Im Laufe der Zeit und mit neuem Wissen ändern sich jedoch die Meinungen. Es gibt eine ganze Reihe Forschungsarbeiten darüber, dass sich der Bedarf an Mineralstoffen, der durch den Konsum grosser Mengen mineralstofffreien Wassers entsteht, selbst durch mineralstoffreiche Nahrung nicht mehr abdecken lässt.

Kürzlich hat die Weltgesundheitsorganisation WHO ein Untersuchungskomitee, das "International Symposium on Health Aspects of Calcium and Magnesium in Drinking Water" (Internationales Symposium zu den gesundheitlichen Aspekten von Calcium und Magnesium im Trinkwasser) gebildet, das sich laut eigener Aussage mit folgenden Zielen befasst:

"Das aus etwa 200 medizinischen Forschern zusammengesetzte Symposium prüft Forschungsstudien, in denen mögliche Verbindungen zwischen einer ungenügenden Magnesiumaufnahme und einer erhöhten Anfälligkeit für Herzinfarkte, Bluthochdruck und sogar Typ-2-Diabetes aufgezeigt werden, denn offenbar gibt es in Regionen mit mineralstoffreichem oder hartem Trinkwasser eine geringere Auftrittswahrscheinlichkeit von Herzinfarkten und Bluthochdruck […]"

Was die WHO damit sagt ist, dass die Langzeiteinnahme von destilliertem Wasser Mineralstoffmängel und Gesundheitsprobleme nach sich ziehen kann.

⍰

Wenn entmineralisiertes Wasser nicht gesund ist, wie steht es dann mit basischem Wasser, das Mineralstoffe enthält?

Mineralstoffe und Alkalisierung

Quellwasser, in dem gelöste Mineralstoffe enthalten sind, weist gewöhnlicherweise pH-Werte um 7,0 auf. Dieser neutrale pH-Messwert ist ausschliesslich auf das Vorkommen gelöster Mineralstoffe wie Calcium und Magnesium zurückzuführen. Im Körper wirken Mineralstoffe als natürliche Säurepuffer und unterstützen die Neutralisation von Säureabfallstoffen.

Der Mineralstoffgehalt von kommunalem Wasser ist vernachlässigbar. Der Alkalisierungseffekt wäre zu klein, um messbar zu sein. Selbst der

Mineralstoffgehalt von Quellwasser, der höher ist als bei Leitungswasser, reicht nicht aus, um die natürlichen säurebildenden Abfallprozesse des Körpers wesentlich zu beeinflussen.

Sie können Ihren Körper jedoch alkalisieren, indem Sie grössere Mengen an Obst und rohem Gemüse verzehren. Diese enthalten viele wichtige säurepuffernde Mineralstoffe und haben einen hohen Wassergehalt, der die Ausspülung von Säurerückständen aus dem Körper unterstützt.

Als weitere Möglichkeit können Sie "kolloidale" oder "ionische" Mineralpräparate einnehmen.

Saure Körper

Es gibt stichhaltige Untersuchungen, in denen nachgewiesen wurde, dass der Verzehr von zu vielen verarbeiteten Lebensmitteln, Zucker und Stärke die Giftstoffbelastung im Körper erhöht und zu einer allgemeinen Übersäuerung führt. Es ist bekannt, dass bestimmte Krankheiten besonders gut in einem mit Giftstoffen überbelasteten Körper gedeihen. Diese Giftstoffe sind lediglich die natürlichen Stoffwechsel - Nebenprodukte des Lebens und Atmens.

Wenn man also nicht genug reinigende, basische Nahrungsmittel wie rohes Obst, Gemüse und Hülsenfrüchte zu sich nimmt und nicht ausreichend Wasser trinkt, damit Giftstoffe aus dem Körper gespült werden können, kann man eine übermässig saure Zellumgebung erzeugen. Letztlich ist Übersäuerung nichts anderes als das Ergebnis jahrelanger schlechter Ernährung und Dehydrierung.

Und jetzt kommt die Falle: Wenn Wasser das Ausspülen der Giftstoffe aus dem Körper begünstigt und einer neuerlichen Giftstoffanlagerung vorbeugt, kann basisches Wasser dann die Säuren nicht noch besser neutralisieren? Etwas Basisches neutralisiert ja etwas Saures. Das klingt nicht nur gut, es klingt vor allem logisch, oder?

Aber so logisch es auch klingen mag: Die Vermutung, der Körper liesse sich mit basischem Wasser auch "basisch machen" (alkalisieren), ist leider falsch. Der Gedanke, dass viel auch viel hilft, liegt aber in unserer menschlichen Natur, und die Möglichkeit einer Schnellreparatur klingt stets reizvoll. Denn gibt es eine bessere Lösung, die jahrelange schlechte Ernährung, den Bewegungsmangel und die chronische Dehydrierung zu beheben, indem man einfach "alkalisierendes" Wasser trinkt?

Mineralischer Durchfluss-Wasserionsierer

Im Gegensatz zu einem elektrischen Wasserionisierer benötigt die Ecaia Carafe keinen elektrischen Strom. Aktivkohle-Granulat reinigt das Wasser von Schadstoffen.

Zusätzlich wird das Wasser mineralisiert und der PH Wert auf 9 erhöht.

Viele weitere Vorteile kommen hinzu:
Das Wasser wird «weicher» und von den rund 10'000 Molekülketten im Trinkwasser sind nachher nur noch etwa 10 im Wasser. Dies ist vergleichbar, wie wenn Sie nach ayurvedischer Art das Wasser rund 10 Minuten unter dem Siedepunkt erhitzen würden. Dadurch kann das Wasser viel effizienter die einzelnen Zellen sowie die Blut-Hirnschranke durchdringen.
Ein weiterer Vorteil: Das Wasser macht «durstig» und man trinkt automatisch mehr, was allgemein viele Vorteile hat (Haut, Harnsäure etc.)

Ecaia Karaffen können Sie direkt hier bestellen:

https://vdm.sanuslife.com
?

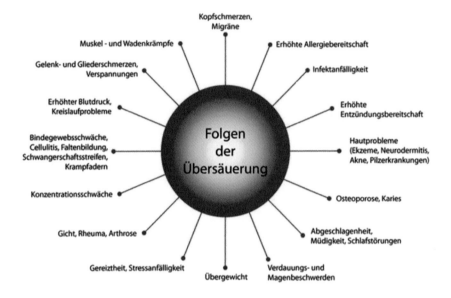

© VDM-Academy GmbH

Fettstoffwechselcoaching

Dass wir in der heutigen Zivilisation zu Übergewicht neigen, ist sicherlich allen bekannt. Viele Personen realisieren aber nicht, dass es wesentlich weiterverbreitet ist, als man denkt.

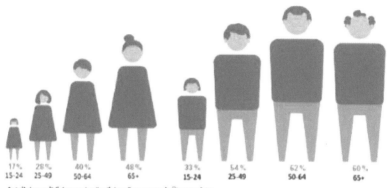

17 %   28 %   40 %   48 %   33 %   54 %   62 %   60 %
15-24   25-49   50-64   65+   15-24   25-49   50-64   65+

Anteil der weiblichen und männlichen Personen mit Übergewicht oder Adipositas nach Altersgruppen (2012)

So sind beispielsweise über 60% aller Frauen und Männer ab 50 übergewichtig. Daher ist das Anbieten eines Fettstoffwechselcoachings natürlich geradezu prädestiniert und mit guten Unterlagen kann man hier auch ein aktives und erfolgreiches Coaching anbieten ohne dass man sich selber zum kompletten Ernährungsberater resp. Ernährungsberaterin ausbilden muss.

Die Grundlage meines Fettstoffwechselcoachings basiert beispielsweise auf einem von mir verfassten 116 Seitigen PDF Dokument mit vielen Rezepten für köstliche und effektive Smoothies, einer Checkliste und einer Vorlage für ein Ernährungstagebuch.

VDM – Academy GmbH
Eschenring 13
6300 Zug

Tel. 041 348 03 32

www.vdm-academy.ch

Fettstoffwechsel ankurbeln – Die besten Tipps auf einen Blick

1. Gleich nach dem Aufstehen trinken Sie ein Glas warmes Zitronenwasser. Dies hilft dem Körper, sofort verschiedene Stoffwechselfunktionen zu aktivieren.
2. Mit kaltem Wasser am Ende Ihrer morgendlichen Dusche aktivieren Sie das braune Fett und senken so den Blutdruck, entgiften den Körper, stärken das Immunsystem und bringen die Hormone ins Gleichgewicht.
3. Essen Sie UNBEDINGT etwas zum Frühstück. Dies ist die wichtigste Mahlzeit am Tag. Einfach ein paar Haferflocken mit etwas (Soja-) Milch oder Wasser und auf Wunsch einem Naturjoghurt vermengen und etwas Früchte (z.B. Erdbeeren, Bananen, Äpfel) beimengen und essen
4. Trinken Sie ein 2.5 dL Glas Wasser mit einem gehäuften Löffel Flohschalensamen als wasserlösliches Balasstoffmittel zur Anregung des Darmes. Wenn die Absoroption von Magen, Dünndarms und/oder Dickdarms nicht optimal ist, geben Sie zusätzlich einen Kaffeelöffel voll Zeolithpulver bei und nehmen Sie eine Kapsel Zeolith zusätzlich. Die Kapsel ist zusätzlich zum Pulver notwendig, da diese durch den Magen in den Dünn- und Dickdarm wandert und dort die Entgiftung vornimmt.
5. Essen Sie alle 2 Stunden 5-10 Mandeln. Dabei spielt es keine Rolle, ob es sich um geschälte oder ungeschälte Mandeln handelt

Auszug aus meiner Kurzübersicht «Die besten Tipps zur Ankurbelung des Fettstoffwechsels»

So kurbeln Sie den Fettstoffwechsel an

1. Der Tag beginnt mit dem Frühstück
Das Frühstück hilft am Anfang jeden neuen Tages, den Stoffwechsel wieder in Schwung zu bringen. Über Nacht verlangsamt sich die Magenperistaltik, nachdem man mehrere Stunden lang nichts mehr gegessen hast. Die Zellen müssen wieder mit Nährstoffen aufgefüllt werden, sonst stellen sie sich darauf ein, mit weniger Nahrung zu überleben, und lagern in Aussicht auf zukünftige Nahrungsknappheit Fett ein.

Tipp:
Trinken Sie unmittelbar nach dem Aufstehen (also noch im Pyjama und bevor Sie ins Badezimmer gehen ein Glas warmes Wasser. Dies hilft dem Körper, sofort verschiedene Stoffwechselfunktionen zu aktivieren.

Ein optimales Frühstück kann zum Beispiel aus Haferflocken mit Magermilch oder noch besser Sojamilch und frischen Früchten, am besten Erdbeeren, bestehen. Auch wenn Ihnen die Hersteller von Frühstücksflocken suggerieren, diese seien gesund so stimmt dies zwar, allerdings haben diese Cerealien oftmals auch sehr viel Zucker und Fette, was nicht sein muss. Weizenvollkorn und Zucker am Morgen müssen nicht sein. Weizen macht nicht nur fett, sondern auch krank und alt. (Sehr zu empfehlen an dieser Stelle sei das Buch «Die Weizenwampe» von Dr. Davis.)

Eine gute Alternative sind auch Eier, Speck und Spinat.
Und natürlich ein Protein-Drink.

VDM – Academy
Eschenring 13
6300 Zug

www.vdm-academy.ch

Apfel-Banane-Feldsalat-Smoothie

2 Äpfel oder 2 Birnen
1 Banane
125 g Feldsalat / Pflücksalat / Vogerlsalat
oder grüner Salat deiner Wahl
1 EL Zitronensaft und 1 Prise Salz für
einen vollmundigeren Geschmack
250 ml Wasser

Ergibt 1 L zu je 2 Portionen.

VDM – Academy
Eschenring 13
6300 Zug

www.vdm-academy.ch

Die Top50 der gesündesten Lebensmittel

Erdbeeren	In Erdbeeren steckt jede Menge Folsäure, die dem Körper bei der Bildung von neuen Zellen hilft.
Walnüsse	Walnüsse sind gute Folsäurelieferanten und sie enthalten einiges an B-Vitaminen. Die sind gut für Nerven und Hirn, echtes Brainfood.
Naturjoghurt	Naturjoghurt enthält einiges an Eiweiss, Calcium und B-Vitaminen, ausserdem Bakterien, die gut für die Darmgesundheit sind.
Acerolabeeren	Acerolabeeren sind wahre Vitamin-C-Bomben und super fürs Immunsystem.
Meerrettich	Im Meerrettich stecken ätherische Öle, die Entzündungen hemmen und Bakterien bekämpfen können. Würzt also öfter mal mit der scharfen Wurzel.
Marronni	Maronen sind eine tolle Alternative zu Nüssen. Sie enthalten weniger Fett, aber trotzdem viele gesunde Mineralstoffe
Dunkle Schokolade	Dunkle Schokolade mit einem hohen Kakaoanteil ist - in Massen gegessen - durchaus gesund. Sie enthält Antioxidantien zur Unterstützung des Immunsystems und viel Magnesium, was unter anderem beim Senken des Blutdrucks helfen kann.
Brombeeren	Brombeeren sind super Folsäure-Lieferanten.
Quinoa	Quinoa ist ein guter Eisen- und Kaliumlieferant und zudem reich an Eiweiss. Tauscht doch öfter mal den Reis gegen Quinoa aus.
Lachs	In Lachs stecken wertvolle Omega-Fettsäuren, die sich positiv auf den Cholesterinspiegel auswirken sollen.

Zusammen mit einer Messung mit dem Quanten Resonanz Analyser (dort sieht man genau, wie es um den Fettstoffwechsel steht und was man anpassen kann) und dem kleinen PDF «Fettstoffwechsel ankurbeln» habe ich so in den letzten Jahren zahlreiche Kunden begleitet bei einer erfolgreichen und nachhaltigen Gewichtsreduktion.

getestete Eigenschaft	Normalbereich	Tatsächlicher Wert	Testergebnis
Abweichender Lipid-Metabolismus-Koeffizient	1,992 - 3,713	1.342	
Abweichender Koeffizient des braunen Fettgewebes	2,791 - 4,202	2.402	
Hyperinsulinämie-Koeffizient	0,097 - 0,215	0.29	
Abweichender Koeffizient des Nucleus des Hypothalamus	0,332 - 0,626	0.444	
Abweichender Triglycerid-Gehalt-Koeffizient	1,341 - 1,991	5.565	

Einige der Parameter, welche aufzeigen, warum der Fettstoffwechsel nicht optimal ist.

Meines Erachtens gehört ein solches «Fettstoffwechselcoaching» in jedes Therapieangebot.

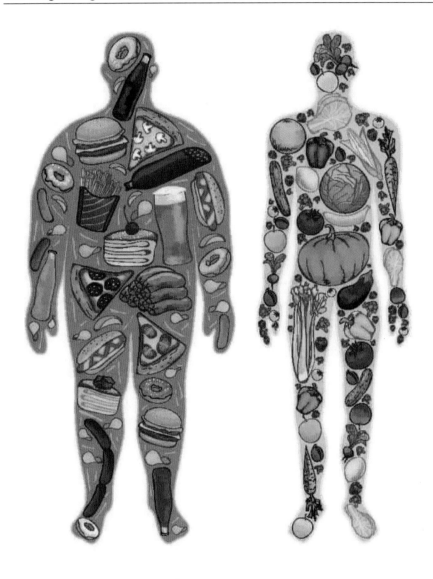

Darmsanierungscoaching

Schon Hippokrates hat gesagt «Alle Krankheiten beginnen im Darm». Und tatsächlich ist es so, dass sehr viele Zivilisationskrankheiten Ihren Ursprung im Darm haben. Ein gutes Beispiel dafür ist «Leaky Gut».

getestete Eigenschaft	Normalbereich	Tatsächlicher Wert	Testergebnis
Pepsinsekretion Koeffizient	59,847 - 65,234	63.058	
Magenperistaltik Koeffizient	58,425 - 61,213	61.125	
Absorptionsfunktion des Magens	34,367 - 35,642	33.854	
Dünndarmperistaltikfunktion	133,437 - 140,476	129.503	
Absorptionsfunktion des Dünndarms	3,572 - 6,483	2.578	

Kann es sein, dass viele chronische Krankheiten, nicht nur die typischen Darmerkrankungen, sondern auch Allergien, Unverträglichkeiten, Stoffwechselkrankheiten und Autoimmunkrankheiten ihren Ursprung im Darm haben? Bestehen hochinteressante Zusammenhänge, die in ihrer Tragweite für unsere moderne Gesellschaft geradezu lebensprägend sind und die, wenn man sie versteht, sogar ermöglichen, dass scheinbar chronische Prozesse therapierbar werden? Was auf den ersten Blick etwas abenteuerlich klingt, wollen wir nun genauer unter die Lupe nehmen!

Wundermaschine Darm

Beginnen wir unsere Beobachtungen also im Darm, genauer gesagt in der Darmwand. Die Darmoberfläche bringt es mit ihren mehrdimensionalen Ausstülpungen auf eine eindrückliche Oberfläche, die man etwa mit der eines Tennisplatzes vergleichen kann! Die unterschiedlichen Darmzellen haben eine Vielzahl an Funktionen, die Aufnahme der zuvor verdauten Nährstoffe ist dabei von herausragender Bedeutung. Dazu dient die gesunde Darmwand zum Schutz des Körpers einerseits als Barriere und muss zugleich aber auch Durchlässigkeit gewähren. Ist die Darmwand gereizt oder entzündet, sind diese Funktionen massiv behindert. Hier soll auf das so genannte Leaky-Gut-Syndrom hingewiesen werden, wobei es sich um eine vermehrte Durchlässigkeit im gereizten oder sogar geschädigten Zustand handelt.

Immunsystem

Die Darmwand ist sozusagen die grösste Schnittstelle vom Körper zur Aussenwelt, deshalb muss hier über das Einlassen von Fremdstoffen bestimmt werden. Das Immunsystem, von welchem rund 70% hier lokalisiert ist, spielt deshalb als Kontrollinstanz eine überaus wichtige Rolle. Die angeborenen Immunzellen mit ihren speziellen Rezeptoren ermöglichen eine Soforterkennung eindringender Toxine. Sogenannte Endotoxine, oder heute Lipopolysaccharide (LPS) genannt, sind Zerfallsprodukte von gramnegativen Bakterien, die im Menschen zahlreiche pathologische Reaktionen auslösen können, wenn sie die Darmwand durchdringen und in den Blutkreislauf gelangen!

Der «durchlässige Darm»

An dieser Stelle kommen wir auf das schon erwähnte Leaky-Gut zurück. Hierbei handelt es sich, wie der Name antönt, um eine erhöhte Durchlässigkeit für bestimmte Stoffe, der sonst dichte Verschluss der Darmzellen (Tight Junctions Proteine) versagt und es können Nahrungsbestandteile durchgelangen. Es können dadurch Unverträglichkeiten ausgelöst werden, doch noch problematischer ist, dass LPS durch die Darmwand in den Blutstrom gelangen, was katastrophale Folgen im ganzen Körper haben kann.

Entstehung eines Leaky-Guts von rechts nach links:

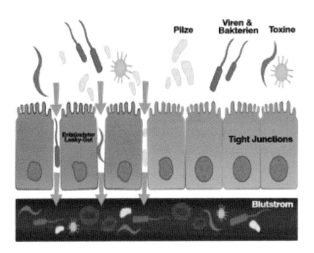

Der dichte Verschluss der Tight Junctions Proteine nimmt Schaden, der Durchgang für Nahrungsbestandteile und LPS in den Blutstrom wird ermöglicht.

Die Immunantwort

Das vermehrte Eindringen von unverdauten Nahrungsbestandteilen und Bakterientoxinen bewirkt eine Immunantwort. Die Zellen des angeborenen Immunsystems (Makrophage, Dendritische Zellen, Granulozyten), sowie Thrombozyten erkennen und binden das Bakterientoxin LPS über den Toll-like Rezeptor 4 (TLR4). Der TLR4 ist die Andockstelle für LPS auf der Zellmembran. Durch das Andocken dieser Stoffe an diese immunkompetenten Zellen, bilden sich Unverträglichkeiten und Entzündungsreaktionen.

Entzündungsreaktionen

Durch das Fortbestehen einer derartigen Entzündungsreaktion kommt es zu einer Verschiebung des Immungleichgewichtes zwischen dem angeborenen und erworbenen Immunsystem. Daraus können allergische Nahrungsmittelunverträglichkeiten oder entzündliche Erkrankungen entstehen. Chronische Entzündungen werden im Verlauf durch eine Gegenregulation erwidert, was wiederum zu Störungen der Immunkompetenz mit den entsprechenden Krankheitsbildern führen kann.

Eine Entzündung ist grundsächlich betrachtet ja ein durchaus positiver Prozess, mit dem unser Körper unter anderem mit erhöhter Durchblutung und Wassereinlagerungen und einer punktuellen Überwärmung möglichst zur Heilung führen will.

Ist unser Organismus jedoch mit vielen Entzündungen beschäftigt, kann es zu überschiessenden immunologischen Reaktionen kommen, bis hin zur Fehlleitung des Angriffs auf eigene Gewebsstrukturen bei Autoimmunkrankheiten.

Das Mikrobiom

Es wird klar, dass für ein stabiles Immungleichgewicht eine gesunde, reizfreie Darmwand unerlässlich ist, so dass sie (wieder) ihre Barrierefunktion erfüllen kann! Richten wir unseren Blick also nochmals auf das Geschehen im Darm. Hier arbeiten abertausende «gute» Bakterien unterschiedlicher Arten in einer Symbiose zusammen.

Was man früher Darmflora genannt hat, wird heute meist mit dem Begriff Mikrobiom zusammengefasst. Das Mikrobiom könnte man schon fast als eigenes Organ bezeichnen. Es besteht aus einer individuellen Zusammensetzung von rund 100 Billionen Bakterien (ein Mehrfaches aller menschlichen Zellen!) aus über 1500 verschiedenen Bakterienarten und wiegt rund 2kg!

Die fleissigen Helfer spalten die Nahrung auf und machen sie für uns verdaulich, zudem produzieren sie nicht nur bestimmte Vitamine, wie z.B. Vitamin K und B-Vitamine, sondern auch Verdauungsenzyme und Hormone. Je nach Darmabschnitt sind es besondere Arten von Bakterien, die die Funktion und das Milieu jenes Bereichs aufrechterhalten.

Der ganze Prozess steht unter Dauerbeobachtung und Steuerung des Immunsystems.

Es findet ein Wechselspiel statt; eine ausbalancierte Darmflora fördert unser Wohlbefinden, aber unser Zustand beeinflusst wiederum auch die Darmflora.

Als Grundlage dieses Textes diente der Fachbeitrag «Der Kreislauf der Entzündung - Stehen unsere Zivilisationserkrankungen möglicherweise in einem unerkannten Zusammenhang?» von Dr. Henry Krah/Marcus Stanton

Wer sollte auf Leaky-Gut abgeklärt werden?
Wann ist überhaupt an ein Leaky-Gut zu denken? Wem sollte die Abklärung empfohlen werden?

Wie schon erwähnt kann ein Leaky-Gut zu einer langen Liste an chronischen Krankheiten wie Allergien, Unverträglichkeiten, Stoffwechselkrankheiten und Autoimmunkrankheiten führen. Bei solchen sollte also immer an ein Leaky-Gut als Ursache gedacht werden. Aber auch chronische Verdauungsprobleme und Magendarmbeschwerden, Müdigkeit, Schlafstörungen und Energieverlust, depressive Verstimmungen und Infektanfälligkeit können darauf hinweisen. Meist liegt eine Kombination verschiedener Krankheiten und Symptome und eine lange Leidens- und Krankheitsgeschichte vor.

Da ein Leaky-Gut durch unseren modernen Lebensstil mit viel Stress (Distress), industriell veränderten Nahrungsmitteln und zahlreichen Umweltgiften entstehen kann, dient eine gesunde, abwechslungsreiche und hochwertige Ernährung und ein ausgewogener Lebensstil einerseits der Prophylaxe und ist auch die Grundlage für eine Therapie des Leaky-Guts!

Quelle:
Dr. med Heinz Lüscher
www.vitalstoffmedizin.ch/index.php/de/wirkstoffe/zivilisationskrankheiten

Parasitenbeseitigung

In jedem Körper sind rund 2.8 Kg Bakterien, Viren, Würmer, Parasiten und andere Pathogene. Effektiv werden aber nur ca. 1 Kg benötigt. Diese sind zwar sehr wichtig und unter anderem für den Stoffwechsel zuständig, aber es gibt auch sehr viele Parasiten, welche definitiv nichts in unserem Körper zu suchen haben.

Zappen hat aber noch andere Vorteile, denn dadurch werden nicht nur Parasiten im Körper abgetötet, sondern auch das ganze Immunsystem wird verbessert.

Immunität reaktivieren
Immun-Depressoren beseitigen

Schwermetalle	Benzol
Parasiten	PCB
Asbest	Malonsäure
Schmierfett und Motorenöl	Radioaktivität

Farbstoffe

Bakterien, Viren, Würmer und Parasiten nehmen wir immer und überall und vielfach ganz unbewusst auf. Wenn wir einen Hund oder eine Katze streicheln, einen Türknauf eines öffentlichen Gebäudes berühren oder auch nur jemandem die Hand schütteln.
Laut einer Studie der Weltgesundheitsorganisation WHO haben über 70% der Bevölkerung Mitbewohner – also Parasiten - im Körper.

Eine Studie der angesehen Naturheilpraktikerin Heike Beckers mit 133 Patienten kam zu folgendem Ergebnis:

- 76-78% der Patienten waren von einem oder beiden Leberegeln Fasciola und Clonorchis befallen
- Askariden sind viel weiterverbreitet als vielfach angenommen. Rund 80% der Bevölkerung tragen diese in sich.
- Man kann Dirofilaria (ein Bandwurm, welcher vor allem bei Hunden vorkommt) durch Lecken erhalten.
- Viele Katzenhalter haben Toxoplasma. Dies ist übrigens die dritthäufigste Todesart in den USA. Dieser Parasit geht gerne in die Augen und das Gehirn.
- Es ist normal Parasiten zu haben aber nicht in larvalen Stadien. Diese haben wir, weil sich diese Parasiten von Lösungsmittel ernähren und so im Körper verweilen.

In vielen Fällen, in welchen Diäten nichts bringen, kann es auch daran liegen, dass zu viele Parasiten vorhanden sind, welche das Abnehmen massiv erschweren.

Auch hier kann mit der Bioresonanzanalyse kann man in 60 Sekunden erkennen, ob die Magen-Darm Funktionen optimal arbeiten und eine Parasitenkur notwendig ist.

Aktueller Testbericht

getestete Eigenschaft	Normalbereich	Tatsächlicher Wert	Testergebnis
Pepsinsekretion Koeffizient	59,847 - 65,234	56.831	
Magenperistaltik Koeffizient	58,425 - 61,213	56.613	
Absorptionsfunktion des Magens	34,367 - 35,642	32.592	
Dünndarmperistaltikfunktion	133,437 - 140,476	132.134	
Absorptionsfunktion des Dünndarms	3,572 - 6,483	2.404	

Sind die Absorptionsfunktionen des Magens und des Dünndarms nicht in einem guten (=grünen) Zustand, kann Nahrung nicht richtig vom Körper aufgenommen werden, ein Vitaminmangel kann entstehen und ein für Viren und Parasiten optimales Milieu wird geschaffen.

Aktueller Testbericht

getestete Eigenschaft	Normalbereich	Tatsächlicher Wert	Testergebnis
Dickdarm-Peristaltik	4,572 - 6,483	2.401	
Dickdarm-Absorption	2,946 - 3,815	1.098	
Darmbakterien-Koeffizient	1,734 - 2,621	0.77	
Intraluminal-Druck	1,173 - 2,297	1.935	

Bei einer gestörten Dünndarmflora tritt ein Blähbauch ohne abgehende Darmgase auf, der Bauch verflacht über Nacht wieder. Bei einer Fehlbesiedelung des Dickdarms dagegen tritt der Blähbauch mit abgehenden Darmgasen auf. Es sind ebenso Rückwirkungen auf das

Immunsystem und Zusammenhänge der gestörten Darmbesiedelung mit dem Nervensystem zu beobachten.

Veränderungen der Darmflora können in einer Unter- oder Überbesiedelung von Bakterien und in einer Veränderung ihrer Zusammensetzung bestehen. Die Symptome umfassen allgemein Bauchschmerzen, Blähungen, eine erhöhte Infektanfälligkeit, sowie Anfälligkeit für Nahrungsmittelunverträglichkeiten.

Und so funktioniert eine Therapie:
Der Zapper nach Dr. Hulda Clark ist DAS Werkzeug wenn es darum geht, den Körper von lästigen Würmern, Parasiten, Bakterien und Viren zu säubern.
Innerhalb von nur rund 60 Minuten können Sie alle HIV-Viren, alle Bakterien und alle Parasiten, inklusive Egel, die der Zapperstrom erreichen kann, töten. Nur wenige Überlebende stecken in Gallensteinen, Nierensteinen, Abszessen oder im Darminhalt. Diese werden mit einer parallelen Parasitenkur definitiv beseitigt.

Dies geschieht deshalb, weil jede Materie, wie zum Beispiel ein Krankheitserreger, seine eigene Wellenlänge und sein eigenes Frequenzmuster. Pathogenmuster sind im Vergleich zum Frequenzmuster des menschlichen Körpers viel kleiner und kürzer.

KRANKHEITSERREGER
77 Khz bis 482 Khz

1520Khz **FREQUENZSPEKTUM** 9460 Khz
MENSCH

Mit dem Zapper ist es nicht notwendig, die Frequenz
des Krankheitserregers (Pathogens) zu kennen, wenn
eine vollständige und positive Rechteckwelle
angewendet wird.

Zappen (Auch Intervallzappen genannt) ist UNABHÄNGIG von der Frequenz

1. Zuerst zappt man sieben Minuten lang, dann folgt eine Pause von 20 bis 30 Minuten. Während dieser Zeit werden Bakterien und Viren aus den sterbenden Parasiten ausgeschieden, und diese überfallen nun stattdessen den Patienten. Jeder Parasit hat seine speziellen bakteriellen und viralen Flüchtlinge.

2. Der zweite siebenminütige Abschnitt soll diese von neuen ausgeschiedenen Virussen und Bakterien töten. Dann werden nochmals Viren ausgeschieden, dieses Mal von den sterbenden Bakterien.

3. Der dritte siebenminütige Abschnitt beim Zappen tötet die letzten ausgeschiedenen Viren. Der vierte und fünfte Abschnitt kann ebenfalls sehr vorteilhaft sein, nämlich zum Beseitigen von Prion-Proteinen, die sich in Strömen von den toten Salmonellen-Bakterien lösen.

Da ja jedes Lebewesen seine eigene Frequenz hat und das Frequenzzappen auf dem homöopathischen Prinzip basiert und man dabei die Frequenz des Krankheitserregers nützt, tötet das Frequenzzappen eine Reihe von Parasiten, die sich um die gewählte Frequenz und um mehrere anderen Stellen herum sammeln.

Da Schwerkranke sich besser fühlen, je mehr sie zappen, ist es möglich, dass man kontinuierlich zappen kann bis eine Besserung eintritt. Dies nennt man Dauerzappen.
Üblicherweise macht man dies etwa 1 Stunde. Schwerkranke (Krebs, HIV etc.) können aber durchaus auch eine Woche oder länger den ganzen Tag non-stop zappen.

Da das zappen also nicht nur Parasiten beseitigt, sondern auch das Immunsystem stärkt, sollte auch diese Therapie in jeder Praxis angeboten werden. Es ist natürlich auch sehr interessant, da man solche Geräte direkt den Kunden verkaufen und als weiteres Zusatzgeschäft auch Parasitenkuren anbieten kann. Beide Produkte kann man bequem fertig konfektioniert einkaufen und dann ohne grossen Aufwand weiterverkaufen.

TENS - Schmerztherapie

Die TENS-Elektrotherapie (TENS = Transkutane elektrische Nervenstimulation) ist keineswegs neu. Bereits vor 400 Jahre wurden Zitterrochen, welche Stromstösse von 100 V bis 220 V mit einer Frequenz bis etwa 600 Hz austeilen können, gefangen und zur Behandlung von Krankheitsbildern wie Gicht oder Blutungen eingesetzt. Dazu wurden die Tiere in der Nähe des schmerzhaften Körperteils gehalten (mit Körperkontakt).

Heute geht dies sehr viel einfacher, mit weniger Schmerzen und effektiver mit so genannten TENS Geräten, welche gezielt elektrischen Impulse durch die Haut schicken, auf Nerven einwirken und so Schmerzen lindern.

TENS wird eingesetzt bei:

- Schmerzunterdrückung
  - Durchblutungsoptimierung
  - Muskelentspannung
  - Reflektorische Wirkung auf viszerale
- Organsysteme und Hormondrüsen
  - Harmonisierung der Tonuslage
  - Leistungssteigerung
  - Prophylaxe

Muskuloskelettale Schmerzen

- Posttraumatische Schmerzen
- Neuralgien
- Stumpf- und Phantomschmerzen
- Durchblutungsstörungen
- Karzinomschmerzen
- Kopfschmerzen

Die Vorteile:

- Reduzierung der Schmerzmitteleinnahme
- Besserung des Allgemeinbefindens
- Verbesserung der Beweglichkeit und der aktiven Teilnahme am Leben
- Nichtinvasiv
- Nebenwirkungsfrei/arm
- Einfache Durchführung
- Leicht erlernbar
- Kostensparend und wirtschaftlich
- Hohe Effektivität
- Keine Abhängigkeit
- Ständige Verfügbarkeit der Therapie
- Kann in den Arbeitsalltag integriert werden.

Anwendungsdauer

- Mindestens 3-5 Mal täglich.
- Behandlungsintervall: 30 – 90 min gefolgt von 30 -90 min Pause.
- Akute Schmerzen klingen oft nach einigen Behandlungen ab.
- Chronische Schmerzen müssen über Wochen und Monate behandelt werden.

Aus diesem Grund empfielt es sich, dass man Kunden in einer Schmerztherapiesitzung direkt ein Gerät verkauft und die Handhabung erklärt. Dies dauert nur ca. 1 Stunde und dank guten Unterlagen ist dies auch sehr einfach und kann problemlos von Laien gemacht werden.

Einfache TENS Geräte kosten heute weniger als CHF 100.— und können daher auch sehr gut eingekauft und weiterverkauft werden.

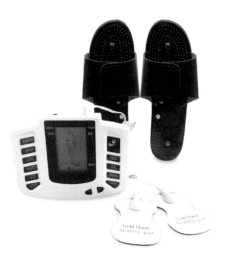

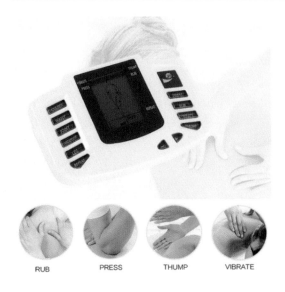

RUB   PRESS   THUMP   VIBRATE

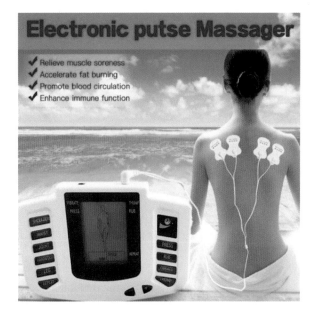

Four parts massage

neck shoulder waist foot

 01 / First

Cervical massage

Second/ 02

Shoulder massage

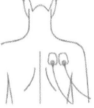

 03 / Third

Lumbar massage

Fourth / 04

Foot massage

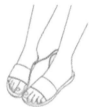

Physikalische Gefässtherapie

Magnetresonanzmatte

Sehr viele Patienten besuchen Praxen, weil Sie Gelenkschmerzen, Entzündungen oder Durchblutungsstörungen haben.
genau für diese Personen ist die Physikalische Gefässtherapie mit einer Magnetresonanzmatte ideal.

Durchblutungsfördernd - schmerzreduzierend - kräftigend - immunisierend - vorbeugend - regenerierend - vitalisierend - leistungssteigernd - entspannend - entstressend

Ideal bei...

- Verlangsamung des Alterungsprozesses
- Sehnenentzündungen
- Schlafstörungen
- Wetterfühligkeit
- Vegetativum (Stress, Atherosklerose, Myokardinfarkt, Migräne etc.)
- Entzündungen
- Durchblutungsstörungen
- Rückenschmerzen
- Schlaganfällen
- Schmerzen

Das QRS 101 Home System

Wir alle träumen davon, jünger auszusehen und bis ins hohe Alter gesund und leistungsfähig zu bleiben.

Das sogenannte biologische Alter kann deutlich vom kalendarischen Alter abweichen. So gibt es z. B. Neunzigjährige mit der Vitalität von Vierzigjährigen - aber auch das Gegenteil ist möglich. Neben genetischen Einflüssen und unterschiedlicher Lebensweise kann auch die Zellgesundheit grossen Einfluss auf Vitalität und Lebenskraft haben. Die Zellgesundheit ist der zentrale Ansatzpunkt von QRS.

Vitalität von innen

Die Zelle ist die kleinste Einheit organischen Lebens. Ist die Zelle leistungsfähig, bleibt der Mensch Gesund. Um genügend Energie für den Organismus zu liefern, brauchen Zellen die richtigen Nährstoffe, Sauerstoff und viel Bewegung. Nur so funktioniert der Zellstoffwechsel. Leider sind diese Voraussetzungen in unserer hektischen Zeit allzu häufig nicht mehr gegeben.

Die Problemzonen der modernen Gesellschaft

Das Leben in der modernen Welt bietet viele Annehmlichkeiten. Aber der Körper vieler Menschen hält mit der stürmischen Entwicklung der Umfeldbedingungen nicht Schritt.

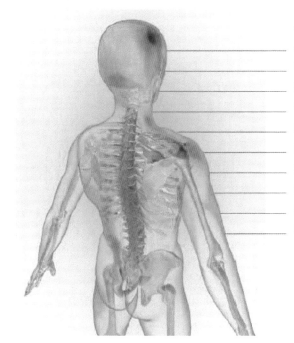

Äußere Einflüsse

Alkohol, Tabak

Umweltverschmutzung

Ernährungsdefizite

Übergewicht

Bewegungsmangel

Nitrate

Schwermetalle

Elektrosmog

Medikamente

Dauerstress

Der grosse Widerspruch: Einerseits wird der Mensch immer mehr gefordert - mehr Aufgaben müssen von immer weniger Menschen gleichzeitig erledigt werden. Andererseits fahren wir einen auf Bewegung programmierten Organismus permanent "im Schongang" - einseitige Bewegungsabläufe und sitzende Tätigkeiten hinterlassen Spuren.

Stress und mangelnde Bewegung tragen einen hohen Anteil am verstärkten Aufkommen vieler Zivilisationsprobleme. Ganz gleich ob es sich um Beschwerden in Bereich des Knochen-, Muskel-, und Bewegungsapparates handelt oder ob die Menschen unter dem scheinbar übermächtigen "Druck von allen Seiten" leiden.

Mehr denn je sind Lösungen gefragt, die ausgleichend und entspannend wirken und die "Akkus des Körpers" neu aufladen.

Die QRS stellt sich dieser Herausforderung mit einem fortschrittlichen Gesundheitskonzept.

Pulsierende Elektro-Magnet-Felder (PEMF) - QRS - Die Medizin des 21. Jahrhunderts

QRS ist ein bio-physikalisches Medizinverfahren. Es basiert auf der Erkenntnis, dass PEMF Einfluss auf das menschliche Gewebe nehmen können. Das patentierte Verfahren (Ionentransport) regt den Zellstoffwechsel an und kann positiven Einfluss und das innere Gleichgewicht entwickeln.

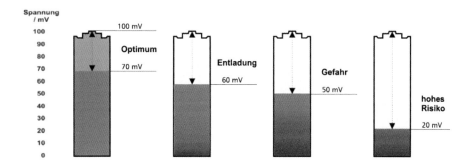

Das Zellpotenzial wir optimal ausgeschöpft. Viele Anwender fühlen sich ausgeglichener, leistungsfähiger und berichten von erholsamem Schlaf und geringerer Stress-Anfälligkeit. Wer so empfindet, lebt leichter und gesünder. Und das Beste: Sie fühlen sich nicht nur gut - man sieht es Ihnen regelrecht an.

Mit dem QRS 101 Homesystem-Set erhält der Anwender ein modernes QRS-Steuergerät inkl. zwei QRS-Resonanzfeld-Trägern, auch Applikatoren genannt. Der eine Applikator ist eine 1,70 m lange hochwertige Matte, der andere ist ein Kissen zur lokalen Körperteilbehandlung. Das System ist durch weitere Applikatoren zur gezielten QRS-Behandlung erweiterbar. Das gesamte Set findet in einer QRS-Reisetasche Platz.

Gesundheitsförderung immer und überall
Tägliche Gesundheitsförderung kann so einfach sein, wenn sie von moderner Technik unterstützt wird. Die von dem Steuergerät erzeugten Quantenfelder werden pulsierend über Applikatoren auf den gesamten Körper übertragen. Das kontrollierte Verfahren kann bei voller Bekleidung und an jedem beliebigen Ort durchgeführt werden.

Eine regelmässige Anwendung von QRS, aktiviert den Stoffwechsel, und verbessert damit die Aufnahme von Nährstoffen und Mineralien. Der Blutkreislauf wird mit mehr Sauerstoff angereichert und somit der Körper entschlackt. Gewebe und Muskulatur werden gelockert.

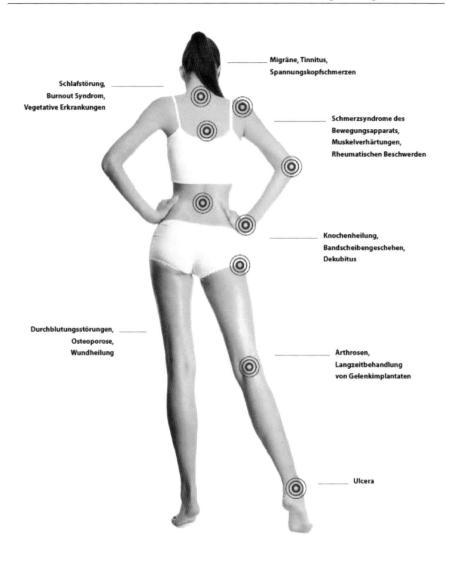

Migräne, Tinnitus,
Spannungskopfschmerzen

Schlafstörung,
Burnout Syndrom,
Vegetative Erkrankungen

Schmerzsyndrome des
Bewegungsapparats,
Muskelverhärtungen,
Rheumatischen Beschwerden

Knochenheilung,
Bandscheibengeschehen,
Dekubitus

Durchblutungsstörungen,
Osteoporose,
Wundheilung

Arthrosen,
Langzeitbehandlung
von Gelenkimplantaten

Ulcera

Anwendungsmöglichkeiten

- Bei Schmerzen des Bewegungsapparats wie Arthrosen, Lumbal- und Cervicalsyndromen, Bandscheibengeschehen, chronischen Rückenschmerzen, Tennisellbogen, Golferarm, Schulter-Arm-Syndrom, Muskelverhärtungen (Myogelosen), Fibromyalgien, rheumatischen Beschwerden
- Rehabilitation, z. B. nach Krankheit, bei Bettlägerigkeit, nach Operationen, zur Regeneration nach Implantaten, während beruflicher und sozialer Bewegungskarenz
- Bei Durchblutungsstörungen, Arteriosklerose der Beingefässe, Arteriosklerose der Hirngefässe, Durchblutungsdefizite wegen mangelnder Bewegung, nachlassender Potenz, Dekubitus (Wundliegen), Ulcera der Beine
- Knochenheilung, Langzeitbehandlung von Gelenkimplantaten
- Bei schlecht heilenden Frakturen, sogenannten Pseudarthrosen. Oft auch noch nach Jahren vergeblicher Therapieversuche
- Nach Verletzungen wie Schwellungen, Kontusionen, Bänderdehnungen, Bänderrissen, Verstauchungen, Sehnenreizungen, Wunden, Entzündungen
- Osteoporose nach den Wechseljahren, Osteoporose wegen mangelnder Bewegung, Osteoporose wegen Bettlägerigkeit
- Chronisches Müdigkeitssyndrom, nachlassende Vitalität, Energielosigkeit, Hypotonie, vegetative Dystonie, Regulationsstarre
- Spannungskopfschmerzen, Reduktion der Anfallsfrequenz von Migräne
- Schlaflosigkeit, besonders bei Einschlafproblemen, Überreizungen, Nervosität
- Sport wie z. B. Aufwärmtraining, Durchblutungssteigerung, Energieoptimierung, Konzentration, Abschwitzen

Aus diesem Grund sollte ein QRS 101 Home System in keiner Praxis fehlen. Warum nicht den Patienten statt eines langweiligen Wartezimmers eine Behandlung auf dem QRS 101 anbieten?

Und da man dies regelmässig machen sollte, kann man dieses Gerät auch jedem Patienten direkt verkaufen und erhält erst noch schöne Provisionen.

Lasertherapie

Mit der neuartigen Lasertherapiedevice steht erstmals ein Behandlungsgerät zur Verfügung, welches sehr mobil ist, den Träger nicht einengt und trotz optimaler Leistung und Wirkung auch noch bezahlbar ist. Aus diesem Grund sollte Sie in keiner Praxis fehlen, denn ihr Einsatzgebiet ist wesentlich umfangreicher, als man auf den ersten Blick annimmt.

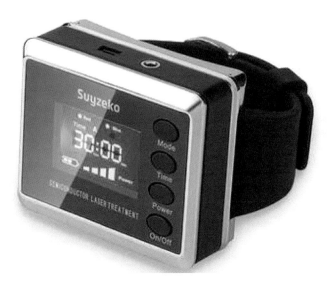

Die Lasertherapie Device ist ein innovatives 3-in-1-Gerät, das die neuesten Forschungsergebnisse im Bereich der Low-Level-Lasertherapie anwendet. Die Hauptfunktion besteht darin, hohen Blutzucker, hohen Blutdruck, hohes Blutfett und die Behandlung von Herz-Kreislauf- und zerebrovaskulären Erkrankungen zu reduzieren.

Die Laser Therapie Device gehört zur Kategorie der Low-Level-Lasertherapie. Sie kombiniert Akupunktur, lokale Schmerztherapie und externe Blutbestrahlung und wird zu Ihrem idealen Begleiter. Ob zu Hause, bei der Arbeit oder auf der Strasse. Die Uhr wird mit einem Polster zur Flächenbestrahlung (Schmerzbehandlung), einem Ohrapplikator (z. B. Tinnitus) und ein Nasalapplikator (Rhinitis, Allergien etc.)

Die Laser Therapie Device gehört zur Kategorie der Low-Level-Lasertherapie. Sie kombiniert Akupunktur, lokale Schmerztherapie und externe Blutbestrahlung und wird zu Ihrem idealen Begleiter. Ob zu Hause, bei der Arbeit oder auf der Strasse. Die Uhr wird mit einem Polster zur Flächenbestrahlung (Schmerzbehandlung), einem Ohrapplikator (z. B. Tinnitus) und ein Nasalapplikator (Rhinitis, Allergien etc.)

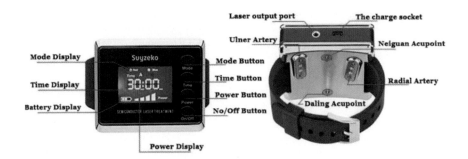

Charger   Nasal cavity   Ear cavity   Pain relieve laser beam

laser probe   laser probe

Bei welchen gesundheitlichen Problemen empfiehlt es sich, die Laser Therapy Device zu anzuwenden

- Dyslipidämie
- Hypertonie
- Diabetes
- Krampfadern
- Nierenerkrankung
- Anti-Aging
- Gewichtsreduzierung
- Steigerung der männlichen Potenz
- Periphere arterielle Erkrankung
- Verbesserung der Wundheilung
- Kognitive Beeinträchtigung (Demenz & Alzheimer).
- Disease Vertigo (Verbesserung der O2-Transportkapazität von Erythrozyten durch Verbesserung der oxyphoren Funktion durch Regeneration).
- Ischämische Herzkrankheit (Angina pectoris, Herzinfarkt)
- Zerebrovaskuläre Erkrankung (TIA, Schlaganfall)
- Stimulierung der Differenzierung von Stammzellen

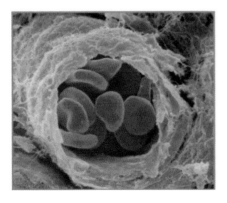 

Behandlungsprinzip

Die Halbleiterlasertherapie ist ein wichtiger Aspekt in der Quantenmedizin. Der 650-nm-Laser mit niedrigem Energieverbrauch kann das zirkulierende Blut in den Gefässen des linken Akkupunkts und das Schleimhautgewebe in der Nasenhöhle bestrahlen, so dass der photoelektrische biologische Effekt erzeugt wird. Und somit die molekulare Struktur des Proteins (Enzym und andere funktionelle) Protein) im Blut verändert sich und der Organismus, der die Therapie übernimmt, wird eine Reihe von biologischen Wirkungen hervorrufen.

Dazu gehören:

I. Änderungseigenschaft der Bluthämorheologie, niedrigere Vollblutviskosität, Plasmaviskosität, Plättchenaggregationsfähigkeit und Erythrozytenaggregationsfähigkeit und Festigkeitsverformbarkeit der Erythrozyten, um die Blutgerinnung zu senken, die Thrombogenese zu unterdrücken und die Durchblutung, insbesondere die Mikrozirkulation, zu verbessern.

II. Die Anpassung des Immunsystems des Körpers (einschliesslich der humoralen Immunität und der zellulären Immunität) verbessert die Widerstandsfähigkeit des Organismus gegen Krankheiten und hilft bei der Wiederherstellung von Infektionskrankheiten sowie bei Erkrankungen im Zusammenhang mit Allergien und Autoimmunität.

III. Verbesserung des Immunsystems des Organismus. Erhöhen Sie die Aktivität der Superoxiddismutase (SOD, eine Art Enzym zum Abfangen von freien Radikalen) im Organismus, senken Sie die mittlere molekulare Substanz (MMS) und reduzieren Sie andere Stapel, so dass der Organismus vor Schäden durch freie Radikale, MMS und andere geschützt wird Giftstoffe.

Die Wirkung des blauen Lichtes

Blaues Licht stimuliert den ersten Komplex der Atmungskette (NADH-Dehydrogenase).

- Entzündungshemmend
- Aktiviert Telomerase (Anti-Aging).
- Verbessert die Produktion von NO (Stickstoffoxid) durch Erhöhen der Aktivität der Fibroblasten (wird Blaulicht optimiert).
- Wundheilung und Verbesserung der Sauerstoffnutzung im Gewebe und Verbesserung des Hautbildes.
- Aufgrund seiner entzündungshemmenden Wirkung kann das Laserpad in der Dermatologie sehr erfolgreich eingesetzt werden.

Die Vorteile der Lasertherapie

1. Niedrigere Blutviskosität: Das Einspritzen eines monochromen Lichtquants mit niedrigerer Energie in Blut kann die Verformbarkeit der roten Blutkörperchen erhöhen, die Aggregation von roten Blutkörperchen und Blutplättchen sowie die Sauerstofftragfähigkeit der roten Blutkörperchen verbessern, um die ursprüngliche negative Ladung der roten Blutkörperchen normal werden zu lassen gegenseitige abstossende Kraft und zerstreuen die gesammelten roten Zellen, um das Ziel der Blutsenkung zu erreichen.

2. Weniger Blutfett: Durch die Injektion eines monochromen Lichtquants mit niedrigerer Energie in das Blut können verschiedene Enzyme aktiviert und überflüssiges Fett im Blut abgebaut und der Blutsauerstoffgehalt erhöht werden, um das freie Radikal abzufangen, den metabolischen Prozess der Lipidperoxidation zu stören, das Cholesterin zu reduzieren und zu reinigen in den Gefässen und schliesslich Blutfett senken.

3. Verhindern Sie die Bildung von Thrombus: Durch die Injektion von monochromem Lichtquant mit niedrigerer Energie in Blut kann die schrumpfende vasoaktive Substanz reduziert werden. Verbessern Sie die Ausdehnung der vasoaktiven Substanz, senken Sie den Inhalt mit Substanz, die den Thrombus im Blut bildet, und tragen Sie zur Vorbeugung gegen zerebrale Thromboseerkrankungen wie zerebrale Apoplexie, Hirninfarkt, Herzinfarkt und Herzinfarkt bei.

4. Behandeln und verhindern Sie hohen Blutdruck und glätten Sie Blutdruck und Blutzucker: Das Einspritzen von monochromem, niederenergetischem Lichtquantum in Blut kann die Blutviskosität senken und die Aggregation von roten Blutkörperchen und Blutplättchen verbessern, um die Blutviskosität zu senken und den peripheren Widerstand zu verringern Darüber hinaus senken Sie das Blutfett, verbessern Sie die Elastizität der Gefässwand und fördern Sie den Blutdruck wieder auf den Normalwert. Zusätzlich kann Lichtquantum den Blutdruck durch Verringerung des peripheren Widerstands und Entlastung der Herzmuskulatur glätten.

5. Körperschmerzentlastung: Die Körperschmerzentlastungssonden nehmen 650 nm roten Laser, 450 nm blaues Licht und rotes Licht zur nichtinvasiven Bestrahlung unseres Schmerzpunkts an. Um den Meridian zu durchdringen, das entzündliche Ödem zu absorbieren, den Meridian und den Kanal auszubaggern und so mehr biologisches Enzym herzustellen, um Arten von Krankheiten zu heilen. Wie zervikale Spondylose, Bandscheibenvorfall, gefrorene Schulter, Arthritis, Prostatitis.

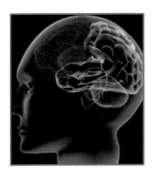 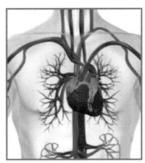 

6. Gehirn-Fitness und Gedächtnisförderung: Geistige Arbeiten verbrauchen täglich viel Triphosadenin (ATP), dessen Quelle Sauerstoff und Glukose enthalten muss. Das Halbleiterlaser-Therapieinstrument kann die Sauerstofftransport- und -freisetzungsfähigkeit von Erythrozyten verbessern, um sicherzustellen, dass genügend Energie für das Gehirn vorhanden ist, um die Funktion der Gehirnfitness und der Gedächtnissteigerung zu erreichen.

7. Verbessern Sie offensichtlich die klinischen Symptome: Die Symptome von Herz-Kreislauf-Erkrankungen und zerebrovaskulären Erkrankungen, wie Schwindel, Kopfschmerzen, Erstickungsgefühl im harten, harten Atem, Sprachstagnation, Amnesie, Somnolenz und Schwäche sind deutlich verbessert. Das Lichtquant kann den Phagozyt stimulieren, um seine Fähigkeit zu verbessern, den Abbau von Lipoprotein zu beschleunigen, die periphere Kraft zu reduzieren, die Blutzirkulation zu verbessern, die Körpersymptome schnell zu lindern und die Aktivitätstoleranz zu erhöhen.

Bioresonanztherapie

Die Bioresonanztherapie ist ebenso wie die Resonanztherapie eine alternative (nicht konventionelle) Therapie, bei der jedes Organ im menschlichen Körper eine bestimmte elektromagnetische Schwingung hat. Im Falle einer Krankheit kann diese Vibration gestört werden. Ein Bioresonanz-Praktiker führt Messungen durch, um eine Störung im Körper zu finden. Nach diesen Messungen wird der Patient an eine Maschine angeschlossen, die Frequenzen durch den Körper sendet, um dieses Problem zu lösen. Dies kann eine Störung eines Organs sein und der Patient wird für jeden Körperteil separat behandelt. Auf diese Weise gelangt die körpereigene Frequenz zum betroffenen Körperteil. Dies sind elektromagnetische Felder.

VDM Biotransmitter

Das VDM Bioresonanztherapiegerät ist ein Therapiegerät der neuesten Generation und bietet die Möglichkeit, echte Bioresonanztherapie anbieten zu können, ohne dass der Kauf eines Gerätes in der Preisklasse von CHF 20'000 – CHF 80'000.— sowie extrem aufwändige Schulungen und Lehrgänge nötig sind. Im leistungsumfang steht dieses Gerät in Nichts den wesentlich teureren Geräten nach.

Warum wurde dieses Gerät entwickelt
Bioresonanz ist nicht medizinisch anerkannt. Daher gilt dieses Gerät auch nicht als medizinisches Therapiegerät, sondern das Gerät wird der Kategorie von Lifestylegeräten zugeschrieben.

Verschiedene Krankenkassen bezahlen aber bei abgeschlossener Zusatzversicherung eine Bioresonanztherapie. Dies aber nur, wenn der Therapeut eine entsprechende Ausbildung hat, welche rund 240 Stunden benötigt.

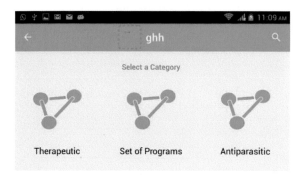

Mit dem VDM Bioresonanzgerät wurde nun die Lücke geschlossen zwischen einer Quantenresonanzanalyse, wie diese heute von sehr vielen therapeutisch tätigen Personen getätigt wird und einem rund Fr. 20'000.— teuren Bioresonanzgerät zur Bioresonanztherapie.

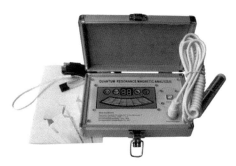 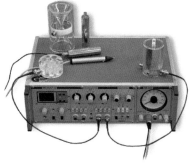

Gerät zur reinen Quantenresonanzanalyse

✓ Ideal für eine ausführliche, schnelle, präzise Diagnose
✓ preisgünstig. Ca. CHF 250.00
✓ Ausführliche Dokumentationen und Lernunterlagen verfügbar
✓ Kurs und Fernkurs verfügbar

✗ kann nur analysieren aber nicht therapieren

Bioresonanzgerät

✓ Gute Heilerfolge

✗ Preisklasse zwischen CHF 20'000.—und CHF 60'000.—
✗ Benötigt eine teure und langwierige Ausbildung von ca. 240 Stunden
✗ Sehr aufwändige Einarbeitung

NLS Bioresonanzgerät

✓ Gute Heilerfolge
✗ Kostenpunkt ca. CHF 4000.—
✗ Sehr komplexe Software
✗ Hoher Aufwand zum Erlernen des Gerätes
✗ Wenige gute Dokumentationen verfügbar
✗ Keine Kursmöglichkeiten

Frequenzgenerator (Zapper) von Hulda Clark

✓ Modular aufgebaut. Als Zapper, Plattenzapper, Zappicator
✓ Gute Heilerfolge
✓ Kurse und Fernkurse verfügbar
✗ nur ca. 60 vorprogrammierte Programmrammdriver verfügbar
✗ aufwändig in der Eigenprogrammierung

VDM Bioresonanzgerät

✓ Sehr preisgünstig. Nur CHF 2800.00
✓ Echtes Bioresonanztherapiegerät
✓ über 4000 vorinstallierte Therapieprogramme
✓ Sofort einsetzbar
✓ Kein direkter Kontakt über Kopfhörer oder Stabsensoren nötig. Extrem flexibel
✓ Einfach einschalten und in der Hosentasche Tasche mitnehmen. Gleichgross wie ein Smartphone
✓ Gute Heilerfolge
✓ Gute Dokumentation vorhanden
✓ Kurs/Fernkurs vorhanden

Funktionen des VDM Bioresonanz Therapiegerätes

- Erfassung beliebig vieler Profile. So können Sie für jeden Kunden ein eigenes Profil erfassen
- Zwei Funktionen, Therapie und Programmierung, befinden sich in einem Gerät. Sie benötigen keinen Computer, um das Gerät programmieren zu können.
- Das VDM BRT Therapiegerät verfügt über eine riesige Datenbank mit Behandlungsprogrammen, die in verschiedene Kategorien unterteilt ist.
- Das Zusammenstellen komplexer Therapieprogramme (Art, Frequenzen, Dauer, Pausen zwischen den Therapien) ist denkbar einfach
- Die Frequenzen der Signalmodulation sind zwischen 10% bis 50% regelbar.
- Das Gerät basiert auf Android 4.4, so dass man während er Therapie auch darauf Bücher lesen, im Internet surfen, Musik hören, Filme anschauen, Spiele spielen, Fotos machen, Berichte erstellen oder andere Aktivitäten machen kann.

Technische Daten

Farbe:	schwarz
Grösse:	15 x 9 x 1 cm
Garantie:	1 Jahr
Frequenzbereich:	1-10 kHz
Sprachen:	Englisch, französisch, arabisch
	Polnisch, Chinesisch, Türkisch,
	Japanisch, Philippinisch, Koreanisch
Gerätetyp:	Niederfrequenztherapiegerät
Betriebssystem:	Android 4.4

Softwareumfang:
Über 4000 (!) vordefinierte Therapiergramme zur Behandlung von Schmerzen, Chakren, Parasiten, Allergien und anderen gesundheitlichen Problemen.

Kein direkter Kontakt des Patienten an das Bioresonanzgerät erforderlich

Patienten werden nicht an eine Maschine angeschlossen. Auf diese Weise werden die Frequenzen durch den gesamten Raum, in dem die Behandlung stattfindet abgestrahlt. Das ist der Grund, warum unsere Resonanzgeräte Frequenzen aussenden, die sich auf alle Beschwerden des Körpers und des Geistes insgesamt auswirken.

Das VDM Bioresonanztherapiegerät wurde für die Bioresonanztherapie entwickelt. Die Bioresonanztherapie ist eine Therapie, die mit Hilfe von Einwirkung elektromagnetischer Wellen durchgeführt wird und auf der Grundlage der Bioresonanz dazu beiträgt, die Regenerierungsmechanismen wiederherzustellen und das Selbstregulierungssystem zur Zerstörung von Krankheiten zu stärken. Die exogene Bioresonanztherapie ermöglicht die Verabreichung der Elektrotherapie durch rechteckige gepulste Ströme mit variabler Wiederholfrequenz und Lastfaktor (von 0,1 bis 10000 Hz und von 10% bis 50%). Das Frequenzspektrum der menschlichen Gehirnwellen (Frequenzen von Voll, Schmidt und Rife) wird für die Verabreichung dieser Therapie genutzt. Die Anwendung einer exogenen Bioresonanztherapie ist sowohl mit Handelektroden-Armbändern als auch ohne Kontakte möglich: mit Hilfe eines elektromagnetischen Hochfrequenzfeldes, das durch therapeutische Frequenzen moduliert wurde.
Diese Therapie wird mit jeder anderen Art von Behandlung kombiniert, wie z. B. Pharmakotherapie, Physiotherapie, Homöopathie, Akupunktur usw.

Hinweise zur Verwendung des VDM Bioresonanztherapiegerätes
(gemäss methodischen Empfehlungen des Ministeriums für Gesundheit der
Russischen Föderation Nr. 2000/47)

- Funktionsstörungen unterschiedlicher Organe
- Erkrankungen des zentralen Nervensystems und der Sinnesorgane
- Krankheiten des vegetativen Nervensystems
- Schmerzsyndrome (verschiedene Orte und Organe)
- Erkrankungen des Herz-Kreislaufsystems
- Erkrankungen des Atmungssystems
- Erkrankungen des Verdauungssystems
- Erkrankungen der Haut und des Unterhautgewebes
- Erkrankungen des Bewegungsapparates
- Erkrankungen des Harnsystems und der Fortpflanzungsorgane
- schlecht heilende Wunden und Geschwüre
- andere Krankheiten

Die Bioresonanztherapie stellt nicht nur die beschädigten Funktionen des
Körpers wieder her, sondern hat auch einen zerstörenden Einfluss auf
parasitäre Erreger. Das Gerät enthält eine grosse Liste von Anti-Parasiten-
Programmen.

Grundidee der Bioresonanztherapie

Die Hauptidee der Anwendung von Resonanz ist Folgende: Es ist möglich, normale (physiologische) Schwingungen im Körper zu verstärken und pathologische Schwingungen zu reduzieren, wenn die Frequenz und die Form der Behandlung (elektromagnetischer) Auswirkungen richtig gewählt werden. So können bioresonante Einflüsse zur Neutralisierung pathologischer Schwingungen sowie zur Wiederherstellung physiologischer Schwingungen, die während pathologischer Zustände zerstört werden, ausgeübt werden. Dies bedeutet, dass diese Therapie Hindernisse (Geräusche) im Informationsfeld des Körpers unterdrückt.

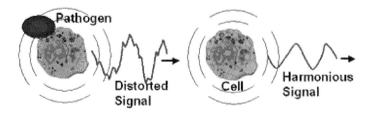

Ein gesunder Körper, unabhängig vom Alter, erhält und unterstützt die relative Synchronisation verschiedener oszillierender (Wellen-) Prozesse, die dem Körper helfen, Gleichgewicht, Integration und Gesundheit zu bewahren. Das Ungleichgewicht und die Zerstörung der Harmonie der Frequenzwellen-Homöostase treten während der Entwicklung von pathologischen und pathogenen Prozessen auf. So entwickeln sich neue pathogene perverse Schwingungen und Resonanzen. Sie halten Krankheiten und verhindern die Behandlung. Infolgedessen wird das von der Natur vorgegebene Programm zur Selbstwiederherstellung und Selbstheilung abgestürzt.

Die Aufgabe des VDM-Bioresonanztherapiegerätes besteht darin, das richtige gesunde Energiepotential von Organen und Systemen schrittweise wiederherzustellen und ungesunde Rhythmen und Frequenzen durch gesunde zu ersetzen (aus der Sicht der Resonanz).

Die Grundlage der Behandlungsmethode mit dem VDM-Bioresonanztherapiegerät besteht darin, das Problem der Schaffung einer Methode der elektromagnetischen Therapie zu lösen, die es ermöglicht, eine harmonische Arbeit der Organe und Systeme des menschlichen Körpers mit Hilfe von Resonanzphänomenen, die im Körper verursacht werden, zu gewährleisten Frequenzen.

Die Methode der elektromagnetischen Therapie basiert auf der folgenden Tatsache: Die Wiederherstellung der Gesundheit und die Beseitigung der Mechanismen der Erkrankung wird erreicht, weil ein niederfrequentes elektromagnetisches Feld, das bestimmte Frequenzen trägt, die durch verschiedene Frequenzen moduliert sind, den Körper beeinflusst.

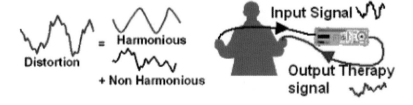

Anwendungsgebiet

Das Gerät ist für den Heimgebrauch vorgesehen, kann aber natürlich genauso gut in einer Praxis eingesetzt werden.

Eine Therapie umfasst oftmals mehrere Sitzungen. Eine Sitzung bedeutet die einmalige Verwendung eines bestimmten Programms. Man kann aber natürlich auch mehrere Sitzungen pro Tag machen.

Anwendungsdauer

Ein erkennbarer Effekt erfolgt durch eine Kurstherapie. Eine Kurstherapie dauert in der Regel 14-21 Tage sowie 1-2 Tage Pause im Anschluss des Kurses. Eine Therapie kann 5-7 Kurse umfassen.

Um bessere Ergebnisse zu erzielen, kann das Gerät mit der Rückseite in die Nähe des beschädigten Organs gebracht werden.

Noch bessere Ergebnisse werden erzielt, wenn diese Therapie während der Behandlung mit anderen kombiniert wird. (z.B. Parasitenreinigung, Leberreinigung, Nierenreinigung, Ausleitung von Schwermetallen etc.)

Vermeiden Sie an den Tagen, an denen Sie die Prozeduren durchführen, harte körperliche Aktivitäten!

Bei akuten Erkrankungen (wie Vergiftungen, ARI, akuten Atemwegserkrankungen, Grippe usw.) wird empfohlen, alle zwei Stunden ein entsprechendes Programm zu durchlaufen, bis sich Ihr Zustand vollständig verbessert und die Symptome der Krankheit beseitigt werden.

Die Verwendung des VDM Bioresonanztherapiegerätes schliesst medizinische Therapien und Mittel der natürlichen Therapie nicht aus; im Gegenteil, es verbessert die Auswirkungen.

Wie arbeitet das VDM Bioresonanztherapiegerät?

Das VDM Bioresonanzgerät gibt Informationssignale unseres Körpers wieder. Elektromagnetische Schwingungen geringer Intensität, die von der Vorrichtung erzeugt werden, verursachen eine Resonanzantwort im Organismus. So finden im Körper folgende Prozesse statt: Aktivierung physiologischer Schwingungen, die gesunden Zellen und Organen entsprechen, und Neutralisierung pathologischer Schwingungen, die durch kranke Zellen und Gewebe, Viren, Bakterien und Pilze verursacht werden. Infolgedessen stellt der Organismus die normale Funktion kranker Organe und die Homöostase seiner Systeme wieder her. Unter Anwendung von SSCHBRT führen wir die natürlichen Mechanismen der Selbstregulierung des Körpers durch.

Die Wirksamkeit der Anwendung der Bioresonanztherapie wird durch die Auswirkungen auf regulatorische Verknüpfungen des Anpassungssystems durch biophysikalische Prozesse erklärt, die in der Hierarchie des körpereigenen Regulationssystems über biochemischen Prozessen liegen. Somit sind nicht nur Symptome, sondern auch Ursachen von Krankheiten den Auswirkungen ausgesetzt.

Nachklinische Studien und Anwendungserfahrungen bei Patienten mit verschiedenen Erkrankungen zeigen eine hohe Effizienz und Komplexität der Auswirkungen der Bioresonanztherapie. Durch die Anwendung des Geräts zum Erhalten von Gesundheit können irreversible Veränderungen im Körper verhindert werden. Da das Gerät weit verbreitet ist, wird es zusammen mit anderen Methoden der Behandlung, Prävention und Rehabilitation angewendet, um diese Prozesse zu verbessern.

Wie soll das VDM Bioresonanzgerät eingesetzt werden?

Die Anwendung des VDM Therapiegerätes ist sehr einfach. Nach dem Einschalten des Geräts sollten Sie die gewünschten Komplexe der Programme auswählen, sie einschalten und alles tun, was Sie möchten, ohne sich um die Arbeit des Geräts zu kümmern. Da der Apparat ein unbedeutendes Gewicht und geringe Abmessungen hat, können Sie ihn überallhin mitnehmen. Sogar ein Kind kann gelernt werden, das Gerät zu benutzen.

Die Funktionalität des Geräts ermöglicht die Verwendung von über 4000 physiotherapeutischen Programmen, die Komplexe bilden. Jedes Programm stellt einen Satz von Frequenzen dar, die vom Gerät mit der angegebenen Zeitdauer konsistent erzeugt werden. Wenn das Gerät nicht über erforderliche Frequenzen verfügt, besteht die Möglichkeit, über unseren Ingenieur eigene Programme zu erstellen, wobei die Frequenzen von Hand eingegeben werden. Regime und Zeitpunkt des Aufpralls können reguliert werden.

Das Gerät verfügt über einen miniUSB-Anschluss zum Anschluss an einen PC. Dieser Anschluss kann auch als Eingang für die Stromversorgung von externer Quelle und für die Akkuladung verwendet werden.

Um die Behandlung wirksamer zu gestalten, wird empfohlen, sich an einen Arzt oder Therapeuten zu wenden, der Ihnen bei der Zusammenstellung von Programmkomplexen helfen kann.

Eine Therapie besteht aus Sitzungen, die einen Behandlungsverlauf bilden. Jede Sitzung hat eine bestimmte Auswirkung durch einen bestimmten Komplex von Programmen. Es ist erlaubt, mehrere Sitzungen täglich durchzuführen. Eine relativ offensichtliche Wirkung wird durch eine Kurstherapie verursacht.

Häufig gestellte Fragen:

1. Wie lange ist die Garantiedauer?
Die Garantiedauer beträgt ein Jahr. Im Falle eines Garantieanspruches ist das Gerät an uns zu retournieren.

2. Wie ist die Antennenleistung?
Die Leistung beträgt etwa 50 MW.

3. Welche Wellenart wird von der HF Hochfrequenzplatine-Platine initiiert? Sinuswelle oder Rechteckwelle?
Das Gerät generiert eine Rechteckwelle, da nur diese mit 100% Offset auch die nötigen Resultate erzielt (siehe dazu auch die Forschungen von Dr. Hulda Clark auf diesem Gebiet)

4. Arbeitet das Gerät auch, wenn es sich in einer Tasche befindet?
Ja. In diesem Falle wird die Leistung um etwa 50% geschmälert. Natürlich ist dies je nach Entfernung abnehmend.

5. Gibt es Tests, welche beweisen, dass das Gerät funktioniert?
Ja. Mit Hilfe eines Oszilloskops ist das Frequenzverhalten und das Muster genau überprüfbar.

6. Was sind mögliche Risiken und Reaktionen im Zusammenhang mit der Verwendung dieses Geräts?
Es besteht keine Gefahr und Reaktion auf die Verwendung dieses Geräts.

7. Gibt es Richtlinien, wie oft oder wie lange ein Programm ausgeführt werden soll? Richtlinien zum Einsatz wie lange Sie ein Programm verwenden oder ausführen sollten von einem Arzt oder ausgebildeten Therapeuten festgelegt werden.

8. Benötigt das Gerät eine Internetverbindung?
Nur für die Aktualisierung und Installation der Software wird eine Internetverbindung benötigt.

9. Gibt es entsprechende Testimonials von Anwendern des Gerätes?
Ja, wir haben viele Erfahrungsberichte von Menschen erhalten, die sich schnell erholen und sich nach der Verwendung unseres Geräts besser fühlten.

Beispiel eines Therapieablaufes und wie man das Gerät bedient:

Bei einem Parasitenbefall wie zum Beispiel Toxoplasma hat sich die Behandlung mittels Hochfrequenz in Kombination mit einem Parasitenprogramm (Arginin, Ornitin, Hagebutte etc.) sehr gut bewahrheitet. Während man bei anderen Geräten meist viele verschiedene Frequenzen und Einstellungen beachten sollte (je nach Belastung (Parasitenzappen) 30kHz, intrazelluläre Belastungen (Herpes, Borreliose, Toxoplasmen, usw. wie auch Rouleaux) 63,4 kHz. Man kann aber auch beide Frequenzen nacheinander und voneinander unabhängig zappen), ist es mit dem VDM Bioresonanzgerät sehr einfach, ein komplettes Set zusammen zu stellen und sofort eine individuelle Therapie zu starten.

Auf dem Gerät können beliebig viele Kunden angelegt werden, welchen wiederum beliebig viele verschiedene Therapien zugewiesen werden können.

So ist auch «Toxoplasm» oder «Streptococcus» bereits standardmässig auf dem Gerät vorhanden und kann einem erfassten Kunden zugewiesen werden.

Eine Sitzung zur Behandlung von Streptococcen dauert rund 40 Minuten.

Mit einem Klick auf «Therapy» wird der Therapievorgang gestartet und eine laufende Uhr zeigt den Therapiefortschritt.

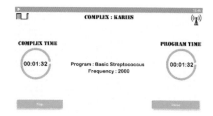

Preisgestaltung

Die Preisgestaltung ist abhängig von sehr vielen Gesichtspunkten. Hierzu gehört nicht nur die Art der Therapie, sondern auch die Dauer, das eigene Auftreten und auch die Lage der Praxis.

Genauso wichtig ist es auch, dass man sich entscheidet, ob man sich in der Preisgestaltung den Mitbewerbern anpassen will (roter Ozean = Konkurrenzdruck) oder sich eine andere Klientel sucht (blauer Ozean) und somit völlig frei in der Preisgestaltung ist. Hierzu kann ich wirklich jedem das Buch «Der blaue Ozean als Strategie» von W. Chan Kim empfehlen.

Ich habe mich zum Beispiel ganz auf die zwei Bereiche «Quanten Resonanz Analyse» sowie «Bioresonanztherapie» fokussiert.

Da ich damit in meiner Region nur wenige Mitbewerber habe, bin ich in der Preisgestaltung recht frei.

Da die Praxiseinrichtung inkl. Geräte bei mir bereits bezahlt sind und ich keine Geschäftskredite o.ä. habe, habe ich eine einfache Analyse gemacht und ausgerechnet, dass ich zur Deckung meiner Lebenskosten inkl. Miete der Praxis im Monat einen Umsatz aus therapeutischen Tätigkeiten von Fr. 8000.— erzielen muss, dass ich auch mal in Urlaub gehen kann oder allenfalls weniger Kunden habe während der Ferienzeit.

Bei 4 Kunden am Tag, davon 2 Neukunden und 2 bestehenden Kunden kann ich meine Kosten so decken, wenn ich für die Erstkonsultation, welche 1 Stunde dauert Fr. 120.— veranschlage und für Folgekonsultationen, welche 30 Minuten dauern, Fr. 60.—. So habe ich einen Minutenansatz von Fr. 2.—.

2 Neukunden pro Tag x 20 Arbeitstage pro Monat x Fr. 120.— = Fr. 4800.—

2 bestehende Kunden pro Tag x 20 Arbeitstage pro Monat x Fr. 60.— = Fr. 2400.—

Die restlichen Fr. 800.— erziele ich durch die Vermietung der Bioresonanzmatte, des Bioresonanztransmitters, der Laserdevice zur Behandlung von Tinitus, Entzündungen und Allergien sowie dem Verkauf von Nahrungsergänzungsmitteln und weiteren Zusatzprodukten.
Und da sind wir bereits beim nächsten Kapitel

Zusatzverkäufe – Produkte in der eigenen Praxis oder im eigenen Onlineshop

Viele therapeutisch tätige Personen spezialisieren sich ganz auf die von Ihnen angebotenen Therapien und lassen völlig ausser Acht, dass man auch mit Zusatzprodukten Umsatz erzielen kann. Meist geschieht dies mit dem Argument «Ich bin kein Verkäufer». Für mich ist dies ein völlig falscher Ansatz. Ich habe in meiner Praxis zahlreiche Produkte, welche ich direkt meinen Kunden anbieten kann, damit diese eine weitere Steigerung der Lebensqualität haben. Mit «verkaufen» im traditionellen Sinne, hat dies nichts zu tun, sondern vielmehr ist es so, dass ich bereits bei der Anamnese erkenne, welche Zusatzprodukte für die Person geeignet wären; ganz unabhängig von der Therapie.

Wenn solche Zusatzprodukte nur 10% des Gesamtumsatzes ausmachen, so kann dies bei so manchen Therapeutinnen und Therapeuten oftmals darüber entscheiden, ob man selbsttragend ist oder defizitär. Aus diesem Grund empfehle ich wirklicher jeder Praxis, einige wenige Zusatzprodukte in das Sortiment aufzunehmen.

Nachfolgend zeige ich Ihnen, welche Produkte ich zum Beispiel in meiner Praxis habe und vor allem warum und wie diese meine Kunden ergänzend zur jeweiligen Therapie unterstützen.

Ecaia, Esori, Anacos

Von der Firma Sanuslife International aus Bozen wird ein ideales Sortiment angeboten, welches die Bereiche Wasser, Vitamine und Spurenelemente sowie basische Hautkosmetik abdecken. Ich habe mich dort eingetragen, einen Business-Account gemacht und erhalte 30% Rabatt auf das Sortiment.

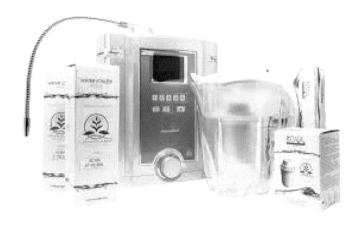

Mit der Ecaia Carafe und dem Ecaia Ionizer stehen zwei Geräte zur Verfügung, welche das Trinkwasser optimieren.

- Höherer PH Werte
- Besserer Zellschutz (bis -150 mH)
- Entfernen von 99% aller Schwermetalle
- Entfernen von 100% aller Hormone
- Wasser wird Ionisiert und energetisiert

Die Carafe ist mit rund Fr. 70.— + 2 Filter (reichen für 4 Monate) für je Fr. 50.— sehr kostengünstig und transportabel.

Der Ionizer ist für den festen Einbau gedacht und hat noch höhere Leistungswerte (bis -350 mH) und kostet rund Fr. 2800.—

Die Esori Minerals und Esori Vitamine sind «Komplettpakete» und sollten bei keinem Kunden fehlen. Die tägliche Einnahme dieser 2 Produkte ergänzen die Vitamine und Spurenelemente, welche wir heute wegen Auszugsmehl, raffiniertem Zucker und industriell gefertigten Lebensmitteln gar nicht mehr in der Menge zu uns nehmen können, wie wir es eigentlich benötigen.

Neben ausreichend Bewegung, genügend Schlaf und wohltuender Entspannung ist die richtige Ernährung wichtig für Ihre Herzgesundheit. Auch die Omega-3-Fettsäuren DHA (Docosahexaensäure) und EPA (Eicosapentaensäure) leisten ihren Anteil für ein gesundes Herz und unterstützen die normale Herzfunktion.

Da wir auf einen latenten Mangel an Omega 3 hinsteuern, ist es unabdingbar, dass man täglich ein qualitativ gutes Omega3 zu sich nimmt.

Unter anderem hat Omega 3 folgende Eigenschaften:

- Positiver Einfluss auf Blutfettwerte
- Senkung des Blutdrucks bei erhöhten Werten
- Förderung der Durchblutung
- Vorbeugung gegen (erneuten) Herzinfarkt
- Günstige Wirkungen bei Herzrhythmus-Störungen
- Abschwächung des Verlaufs chronischer Entzündungen
- Gesunderhaltung der Augen
- Wichtig für Gehirnstoffwechsel und -funktion

Viele herkömmliche Deos werden – nicht ohne Grund – auch „Antitranspirantien" genannt. Sie beinhalten Aluminiumsalze, um das Schwitzen zu verhindern. Die Aluminiumverbindungen ziehen die Hauptporen zusammen. Zudem werden die Schweisskanäle blockiert. Das Ergebnis: Man schwitzt weniger.

ANACOS deodorant funktioniert nach einem anderen Prinzip: Keimhemmende, natürliche Substanzen, allen voran Dolomit und Dolomitensediment, bekämpfen die Ursache von Gerüchen. Schweiss für sich stinkt nämlich nicht, sondern erst wenn Bakterien den Schweiss zersetzen. ANACOS deodorant vermindert also nicht den Schweiss, wohl aber die Bakterien-produktion und somit auch den Geruch. Das Deodorant ist 100% reine, natürliche Frische und bietet wirksamen Schutz gegen Körpergeruch.

Einfach unter die gereinigten Achselhöhlen streichen. Ideal auch für alle anderen, geruchbildende Hautpartien wie z.B. Füsse oder Genitalbereich.

Die Vorteile:

- 24h wirksamer Schutz gegen Körpergeruch
- 100% natürlich und basisch
- Mit Dolomit und Dolomitensediment
- Bildet Schutzschicht auf der Haut
- Wirkt geruchsbildenden Bakterien entgegen
- Hinterlässt keine weissen Spuren auf der Kleidung
- Frei von schädlichem Aluminium, Treibgas, Duftstoffen oder anderen chemischen Zusätzen
- Für Männer und Frauen

Germanium

In der Öffentlichkeit kennt kaum jemand Germanium, obwohl organisches Germanium schon seit über 30 Jahren zur Behandlung unterschiedlichster Krankheiten eingesetzt wird - mit Forschungsergebnissen, die aufhorchen lassen.
Als Dr. Asai durch einen Bericht über die Besonderheit von Germanium aufmerksam wurde, begann er intensiv an diesem Element zu forschen.

Die Halbleitereigenschaft von Germanium brachte Dr. Asai auf die Idee, dass Germanium eine heilende Wirkung haben könnte. Er dachte dabei insbesondere an die Entwässerung, bei der toxische Wasserstoffionen aus dem Körper ausgeschieden werden.
Von dieser Vision beflügelt, machte sich die Asai-Gruppe an die schwierige Aufgabe, extrahiertes anorganisches Germanium in eine organische Form zu bringen, um es für die Biochemie und damit für den lebendigen Körper brauchbar zu machen.
Nach zehn Jahren harter Arbeit, im November 1967, gelang endlich die synthetische Herstellung einer wasserlöslichen organischen Germaniumverbindung, dem Carboxyethylgermanium- Sesquioxid ($GeCH_2 CH_2COOH)_2O_3$.
Dieses organische Germanium hat eine netzähnliche Struktur, bei der Sauerstoff-Atome an ein Germanium-Atom gebunden sind.
Das Germanium-Atom hat vier austauschbare Elektronen, drei davon binden sich abwechselnd an ein Sauerstoff-Atom, das vierte ist ein freies Radikal. Die Sauerstoffatome verbinden sich abwechselnd mit dem Germanium- Atom zu einem schönen geometrischen Muster.

INTERESSIERTE KREISE FORSCHEN SEIT 40 JAHREN

Seit dieser gelungenen synthetischen Herstellung von organischem Germanium wird intensiv an dieser Substanz in der Biochemie, Neurochemie, Pathologie, Pharmakologie, Onkologie und Immunologie geforscht.

Zahlreiche Forschungsergebnisse bestätigten eine erstaunliche Wirkung von Germanium.

Neben dem Carboxyethylgermanium-Sesquioxyd Ge-132 gibt es noch zwei weitere organische Germaniumverbindungen, das Sanumgerman (chem. Bezeichnung: Germaniumzitratlaktat) und Spirigermanium.

WAS BEWIRKT ORGANISCHES GERMANIUM?

Unser Immunsystem schützt uns vor krankheitserregenden Bakterien, Viren, Pilzen, Protozoen und toxischen Chemikalien sowie Schwermetallen.

Unsere körperliche Immunität verdanken wir dem diffizilen Zusammenspiel verschiedener spezialisierter Zellen und Organe, das hormonell vom endokrinen System gesteuert wird und geistig beeinflusst werden kann.

Org. Germanium stimuliert anscheinend das Immunsystem und bringt seine verschiedenen Komponenten ins Gleichgewicht.

In dem US-Patent Nr. 4.473.581 mit dem Titel "Organogermanium Induction of Interferon Production" aus dem Jahre 1984 werden die immunisierenden Eigenschaften von organischem Germanium (Ge-132) bei Mäusen und Menschen die Produktion von Interferon anregt, das gegen Viren und Krebs wirkt.

Gleichzeitig aktiviert Ge-132 die ruhenden Makrophagen, die Antigene umspülen und "auffressen". Die Verabreichung von Sanumgerman bei Mäusen steigert - je nach Dosis - die zytolytische Wirkung der natürlichen

Killerzellen.

Frühestens am 2. Tag nahm diese auflösende Wirkung zu, erreichte ungefähr am 4. Tag ihren Höhepunkt und war nach 6 bis 8 Tagen wieder normal. Bei den mit organischem Germanium behandelten Mäusen betrug die Zytolysewirkung 27 bis 33%, bei den unbehandelten dagegen nur 10%.

ANTI-TUMOR-WIRKUNG?
Die Wissenschaftler Suzuki, Brtkiewicz und Pollard kamen bei ihren Forschungen zu der Annahme, dass das von Ge132 stimulierte Immunsystem gegen einige Krebsarten wirken könnte.
Germanium scheint indirekt eine Anti-Tumorwirkung zu haben, indem es T-Zellen dazu anregt, zirkulierende Lymphokine (wahrscheinlich Gammainterferon) zu produzieren.
Die Lymphokine wiederum aktivieren die ruhenden Makrophagen, die schliesslich das Wachstum von Tumoren unterdrücken.
All diese Forschungsergebnisse weisen darauf hin, dass org. Germanium unser Immunsystem von Grund auf stärkt, ins Gleichgewicht bringt und so auf natürliche Weise die Gesundheit unterstützen.

SAUERSTOFFANREICHERUNG

Sauerstoff ist für uns eine lebenswichtige Substanz. Wir benötigen ihn für unseren Stoffwechsel, für die Verdauung und Resorption unserer Nahrung und zur Entgiftung von schädlichen Stoffen.

Wenn die Zellen nicht ausreichend mit Sauerstoff versorgt werden, können sie ihre normalen Stoffwechselfunktionen nicht aufrechterhalten. Das kann zu Zelldegeneration und Krebs führen.

Ausserdem fördert ein anaerobes Umfeld in unserem Körper das Wachstum einer pathogenen Mikroflora, wie z.B. Candida. Ein Sauerstoffdefizit in unserem Körper entsteht durch Faktoren wie Stress, Schlaf- und Bewegungsmangel und falsche Ernährung.

Bei der Verbrennung der Nahrung entstehen Kohlendioxyd und positive Wasserstoffionen. Das Kohlendioxyd wird ausgeatmet und die H+-Ionen verbinden sich mit Sauerstoff zu Wasser und können durch Urin und Schweiss ausgeschieden werden.

Wenn wir zu wenig Sauerstoff im Blut haben, führt das zu einer Anhäufung von H+-Ionen, die Zellen zerstören und Gewebeschäden verursachen können.

Die Sauerstoffatome des organischen Germaniums verbinden sich mit H+-Ionen und könnten dadurch das Blut entgiften.

Organisches Germanium ist ein ausgezeichneter Elektroakzeptor, der während des oxidativen Stoffwechsels als e-Abfluss dient und dadurch die Energieproduktion des Körpers unterstützt.

Indem organisches Germanium den Körper mit Sauerstoff anreichert, schützt es möglicherweise vor Kohlendioxid-Vergiftung und Schlaganfall.

Je mehr Sauerstoff dem Körper zur Verfügung steht, desto besser ist die Durchblutung aller Organe, da 02 die Viskosität (Zähfluss) des Blutes reduziert. Dieses Phänomen könnte den Ersatz von Germanium bei der Raynaud-Krankheit und verschiedener Augenkrankheiten erklären.

Der Naturarzt Jan de Vries verwendet seit Jahren organisches Germanium für die Therapie von multipler Sklerose.

Er schreibt darüber:
"Es kann eine unglaubliche Besserung im Zustand des Patienten bewirken. Das Immunsystem benötigt Sauerstoff, um den Körner vor schädlichen Eindringlingen zu schützen, denn die phagozytierenden weissen Blutkörperchen vernichten die Fremdstoffe mit einer Dosis giftigen Peroxyd".

ORGANISCHES GERMANIUM ALS ANTIOXYDANS
Während des Stoffwechsels entstehen giftige Sauerstoffverbindungen wie Wasserstoffperoxylradikale und Singulettsauerstoff. Man vermutet, dass diese Sauerstoffarten für Zelldegeneration und verschiedener Krankheiten verantwortlich sind. Sie besitzen ein ungepaartes Elektron und sind dadurch sehr instabil, reaktiv und schädlich für die Zellen.
Am Institut für Physiologische Chemie der Universität Hannover wurden Experimente durchgeführt, welche die Wirkung organischer Germaniumverbindungen auf das Glutathionenenzymsystem und die Peroxydase bei Ratten untersuchten. Die Versuchsergebnisse weisen darauf hin, dass organisches Germanium bekannte Antioxydanzien, wie Peroxydase und Katalase, aktiviert und dadurch die Antioxydation - die Auflösung von toxischen Sauerstoffarten - unterstützt.

DAS PROBLEM DER SCHWERMETALLVERGIFTUNGEN

Durch die Umweltverschmutzung sind wir immer höheren Belastungen ausgesetzt, so nehmen wir viele Giftstoffe durch Atmung und Ernährung auf - ohne es zu merken. Schwermetalle wie Blei, Quecksilber und Cadmium lagern sich in unserem Körper ab und verursachen Störungen, die zu schweren Krankheiten führen können.

Eine Quecksilbervergiftung zeigt sich durch Symptome wie Kopfschmerzen, Gliederzittern, Brennen, Druck am Herzen und anderen Organen. Quecksilbervergiftungen werden hauptsächlich durch Zahnfüllungen mit Amalgam ausgelöst.

Dr. Asai untersuchte bei Ratten die Wirkung von Ge-132 auf Quecksilber- und Cadmiumvergiftungen. Dabei entdeckte er, dass organisches Germanium vor Vergiftungssymptomen schützt indem es die Schwermetalle an sich bindet.

Schwermetalle lagern sich als positive Ionen im Körper ab, diese, verfangen sich anscheinend im Netzwerk der negativen Sauerstoff Ionen einer organischen Germaniumverbindung und werden mit diesen ausgeschieden.

SICHERES ORGANISCHES GERMANIUM?

Die drei genannten organischen Germaniumverbindungen Ge-132, Sanumgerman und Spirogerman wurden durch verschiedenste langwierige Testreihen gründlich auf ihre Toxizität untersucht.

Dabei stellte sich heraus, dass Spirogerman eine vorübergehende Nervosität auslöst. Spirogerman wurde als Medikament entwickelt, während Ge132 und Sanumgerman in Amerika bisher den Nahrungsergänzungsmitteln zugeordnet werden.

Seit einigen Jahren wird organisches Germanium an amerikanischen Krebs- und Aids - Kliniken bei medizinischen Behandlungen angewendet. In Japan gibt es Kliniken, die sich ausschliesslich auf die Germanium- Therapie in Kombination mit Diät und Entspannung spezialisiert haben.

In einigen europäischen Krebs- und Aids-Kliniken, die sich ausschliesslich auf die Germanium-Therapie in Kombination mit Diät und Entspannung spezialisiert haben. In einigen europäischen Ländern ist organisches Germanium für seine Wirkung bekannt und wird von Ärzten verschrieben.

IN DEUTSCHLAND VERBOTEN

Wie kommt es, dass die therapeutische Anwendung von organischem Germanium, trotz all seiner positiven Eigenschaften, in Deutschland verboten ist? Warum ist organisches Germanium bei uns weitgehend unbekannt?

Liegt es vielleicht gerade daran, dass es sich so positiv auf den Organismus auswirkt, dass es anscheinend keine Nebenwirkungen hat und noch dazu, im Vergleich zu anderen Medikamenten, relativ günstig ist?

Was ist mit dem grossen Geschäft mit der Krankheit? Für wen ist diese so einfache und doch vielseitige Substanz eine Bedrohung?

Fragen Sie dazu Ihren Arzt oder Apotheker, die Pharmaindustrie oder unsere Gesundheitsminister.

GERMANIUM IN DER KREBSTHERAPIE

Was macht Germanium gerade in der Krebstherapie noch so interessant?

Dr. Asai schreibt über die Quelle allen Lebens, den Sauerstoff: „Wiederum, bedenkt man die Tatsache, dass Sauerstoff die Quelle allen Lebens ist, so wird die schädliche Wirkung von Sauerstoffmangel umso verständlicher. Der international berühmte deutsche Wissenschaftler Dr. Otto Warburg stellt in seiner These über Krebs klar heraus, dass das Wachstum von Krebszellen primär dem Sauerstoff-Defizit der Zellen zuzuschreiben ist. Da die normalen gesunden Zellen aerobisch sind, ändert ungenügende Versorgung mit Sauerstoff die Struktur dieser Zellen, die eine Reihe anormaler Reaktionen entwickeln, um unter den veränderten Bedingungen zu überleben. Die Zellen beginnen zu entarten und werden dann anaerobisch. Die Kerne der so veränderten Zellen sind genaue Repliken der Kerne maligner Krebszellen."

Es gibt Hinweise, dass das Germanium von Pflanzen verwendet wird, um ihre Mikro-zirkulation zu erhalten. Das Prinzip, metallische Halbleiter zu integrieren, die antiseptisch wirkend den Bestand des Organismus sichern, ist beim synthetisch hergestellten, organischen Germanium kaum zu übertreffend optimiert worden. Im Gegensatz zur Pflanze lagert der menschliche Organismus das organische Germanium nicht ein, sondern scheidet es nach etwa zwanzig Stunden mitsamt der eingefangenen Radikale, Gifte, Krebszellen und anderer Schadstoffe ohne jegliche Nebenwirkung über die Niere aus.

Ein Krebsgeschwulst ist an der Oberfläche übertrieben positiv geladen. Kommt organisches Germanium in hoher Menge angeschwommen, entfernt dieses mit seiner hohen negativen Ladung positiv geladene Ionen von der Krebswand und destabilisiert es bioelektrisch, bis sie zerfällt. Nun entsteht das Problem der Entfernung grosser Mengen Zellreste. Die auffällige Metastasen-unterdrückende Wirkung von organischem Germanium wird in seinen bioelektrischen Eigenschaften vermutet: Das Blut wird hochviskös und wandernde Krebszellen haben keine Chance sich irgendwo festzusetzen. Geraten sie in die feinsten Kapillargefässe und Lymphe, werden sie ohnehin im germanium-getränkten Milieu erledigt. Im Besonderen Organe, die naturgemäss stark durchblutet werden, profitieren von einer Therapie mit organischem Germanium.

Anlässlich einer Studie, welche im „Journal of Interferon Research", publiziert wurde, wurde festgestellt: "Germanium stellt die normale Funktion der T-Zellen wieder her, B-Lymphozyten, natürliche Killerzellen Aktivität, ebenfalls die Menge an antikörper- formierenden Zellen. Germanium hat einzigartige physiologische Eigenschaften ohne bedeutende Nebenwirkungen.

Germanium ist in der Lage überzählige Positive Ionen zu entfernen und durch negative zu ersetzen. Das Germanium Atom hat 32 Elektronen und 4 davon bewegen sich unstetig an der Aussenseite des Kerns. Diese vier Elektronen sind neg. geladene Träger. Nähert sich eine fremde Substanz, so wird eine dieser 4 Elektronen abgestossen, sofern die Temperatur über 32 Grad ist. Einmal mit der menschlichen Haut in Kontakt werden die Millionen von Germanium Atome, die pos. geladenen Elektronen anziehen und umwandeln.

Germanium ist ebenfalls in der Lage einen hohen Prozentsatz an Infrarot abgeben zwischen 4 und 14 Mikron. Der menschliche Körper gibt 9 Micro ab, so dass Germanium diese Bandbreite abdeckt, so dass die Wassermoleküle im Körper in Resonanz gehen und die Durchblutung verbessert wird. Alle Organe werden durch Infrarot gestärkt und eine deutliche Verbesserung des allgemeinen Zustandes tritt ein.

Obwohl es eine extrem geringe Giftigkeit aufweist, warnen die meisten Gesundheitsämter weltweit aber vor der Einnahme von Germanium. Dies ohne wissenschaftlich belegte Begründung, sondern auf Empfehlung der Pharmaindustrie.

5 DINGE, DIE DIE MEISTEN MENSCHEN NICHT ÜBER ORGANISCHES GERMANIUM WISSEN

1. DASS ES EXISTIERT …

Die meisten Menschen wissen gar nichts von organischem Germanium noch von seinen positiven Eigenschaften.

Doch was ist überhaupt organisches Germanium?

Im Jahre 1886 entdeckte der deutsche Chemiker Clemens Winkler bei der Analyse von Silbererz eine unbekannte Substanz, und er nannte sie – seinem Heimatland zu Ehren – Germanium.
Gegen Ende des Jahres 1945 gründete der japanische Bergbauingenieur Dr. Kazuhiko Asai in Japan eine Stiftung für Kohleforschung.
Bei der Analyse der Kohle stellte sich heraus, dass in ihr Germanium enthalten war, hauptsächlich in ihrem Holzanteil, dem Vitrit sowie in den heimischen Heilpflanzen und Heilquellen!
Dr. Asai führte Germanium mit einem Selbstversuch in die Alternativmedizin ein.

In den 1960-Jahren war er schwerer an Polyarthritis bzw. Gelenkrheumatismus erkrankt. Medikamente und sonstige alternative Heilverfahren hatten sein Leben nicht verbessern können. Rein intuitiv behandelte sich Dr. Asai dann selbst mit organischem Germanium.

Im Laufe der ersten zehn Tage veränderte sich nichts und sein Zustand blieb unverändert schlecht, danach besserte er sich aber sukzessiv mit der Dauer der Anwendung.
Seine Schmerzen schwanden, und die Gelenke wurden zunehmend mobiler und frei von Beschwerden!

2. GERMANIUM SPIELT IM KÖRPER DIE GLEICHE ROLLE WIE SAUERSTOFF

Dr. Asais These besagt, dass organisches Germanium die gleiche Rolle im Körper spielt wie Sauerstoff und darüber hinaus sogar die Sauerstoffversorgung des Körpers steigert! Es besteht ein Zusammenhang zwischen der Sauerstoffversorgung, der Blutviskosität und der Durchblutung. Je mehr Sauerstoff dem Körper zur Verfügung steht, desto mehr nimmt die Blutviskosität (die „Dicke" des Blutes) ab, und die Durchblutung aller Organe wird verbessert.

Germanium besitzt eine stimulierende Wirkung auf das Immunsystem. U.a. vermehrt es die Produktion von Gamma-Interferon. Das bedeutet, dass es die Ausnutzung von Sauerstoff durch die Zellen erhöht, wodurch sich der Zustand kranker Gewebe und Organe verbessern kann!

3. GERMANIUM UNTERSTÜTZT DEN KÖRPER BEI SEINEN GRUNDFUNKTIONEN

Organisches Germanium unterstützt den Körper bei seinen physiologischen Grundfunktionen und hilft, diese zu stabilisieren und zu normalisieren. So vermag Germanium insbesondere krankhaft erhöhten Blutdruck auf gesunde Werte zu senken (jedoch nicht tiefer). Ferner kann organisches Germanium als Blutverdünner dienen, wodurch es die Durchblutung verbessert. Es eignet sich daher bspw. hervorragend zur besseren Durchblutung von „Raucherbeinen". Aber es minimiert auch das Risiko eines Herzinfarktes oder Hirnblutungen bei Risikopatienten. Darüber hinaus beeinflusst es auch die Endorphine als körpereigene Substanzen gegen Schmerz, wodurch es eine schmerzlindernde Wirkung erhält und die Wirksamkeit anderer schmerzlindernder Medikamente noch verstärkt. Es entgiftet den Körper indem es Schadstoffe wie z.B. die Metalle Kadmium und Quecksilber aus dem Körper schleust.

4. GERMANIUM SOLL KEINE NEBENWIRKUNGEN HABEN

Organisches Germanium wird in Japan seit den 70 Jahren des letzten Jahrhunderts. synthetisch hergestellt und besitzt nach der angeführten Quelle keine nachweislichen Nebenwirkungen. (Asai, 1997)

Dosierungen werden mit 400-600mg/Tag angegeben und selbst bei Gaben mit über 5000mg/Tag traten in Behandlungen keinerlei Nebenwirkungen auf. (Asai, 1997)

Zwei Stunden nach der Verabreichung soll der Gehalt im Blutplasma am höchsten sein, und nach einem Zeitraum von etwa drei Tagen wird Germanium hauptsächlich über die Niere wieder ausgeschieden.

Bei Einnahme therapeutischer Dosen organischem Germaniums wird oft von einem warmen, prickelnden Gefühl berichtet. (Asai, 1997)

5. ES IST NICHT ALLES GOLD GERMANIUM WAS GLÄNZT

Wie auch bei Nahrungsergänzungsmitteln so gibt es auch bei Germanium teils gravierende Unterschiede in der Darreichungsform und der damit verbundenen Qualität!

Die hochwertigste Darreichungsform organischem Germaniums ist wohl das sogenannte Ge-132 (Carboxylethylgermaniumsesquioxide). Dieses enthält eine Wirksamkeit von 56%. (Asai, 1997)

Andere Germanium Quellen wie bspw. Sanumgermanium (17%) oder Germaniumlactozitrat (10%) enthalten weit weniger Wirkstoff und sind deshalb auch weniger effizient.

Das Dilemma mit dem in Nahrungsergänzungen enthaltenen Wirkstoffen und der Fähigkeit deines Körpers diese auch aufzunehmen, habe ich in meinem Artikel Warum du liposomal Vitamin C benötigst detaillierter erklärt.

Organisches Germanium existiert in Pulver und Tablettenform.

Darüber hinaus wird es auch als Kolloid in Dispersionsmedien angeboten, das heisst entweder in wässriger oder öliger Lösung.

Als Kolloide (von griechisch „kólla" für „Leim" und „eidos" für „Form oder Aussehen") werden dabei Teilchen bezeichnet, die im Dispersionsmedium/Trägermedium ganz fein verteilt sind und deren Grösse meist im Nano- oder Mikrometer-Bereich liegt.

Fazit:
Organisches Germanium ist seit langem in der „Alternativmedizin" als Heilmittel bekannt und wird im Kampf gegen Krebs und andere Krankheiten eingesetzt.

Trotz (oder gerade wegen?) seiner vielfältig belegten positiven Wirkmechanismen und fehlender Nebenwirkungen ist es aber in vielen Ländern nicht erhältlich oder zugelassen.
Warum dies so ist, und welche Rolle die Pharmaindustrie womöglich dabei spielt, darüber darf sich jeder selbst sein Bild machen.

In den USA, Frankreich, Japan, Norwegen und Holland wird dieses einzigartige Spurenelement/Mineral als Nahrungsergänzungsmittel angeboten und als das angesehen was es ist, nämlich als ein Heilmittel, was auch angeboten werden darf - wohingegen es in anderen Ländern verboten ist.
Während Spurenelemente wie Selen, Zink, Chrom, Mangan, Eisen, Magnesium, Silicium ihre Anerkennung in wissenschaftlichen und anderen Kreisen zu Recht erhalten haben, ist Germanium nicht nur ein Aussenseiter dessen Information in Mitteleuropa und den USA unterdrückt wird, sondern ist in Deutschland gar verboten!
Schockierender Weise, wenn man sich dessen enormen Wirkungsbereich ansieht.

ORGANISCHES GERMANIUM BINDET FREIE RADIKALE, SORGT FÜR EINE BESSERE SAUERSTOFFANREICHERUNG DES BLUTES UND VERRINGERT

SEINE VISKOSITÄT. ZUDEM STÄRKT ES DAS IMMUNSYSTEM. BIETET EINE
SUPER SAUERSTOFFANREICHERUNG, WIRKT ENTGIFTENED, ANTIVIRAL
UND ANTIFUNGAL, SCHÜTZT VOR STRAHLEN UND MUTATIONEN,
SCHMERZSTILLEND UND VIELES MEHR UND DAS OHNE JEGLICHE
NEBENWIRKUNGEN.

INDIKATIONEN
RHEUMATHOIDE ARTHRITIS, RHEUMATISMUS, KREBS (COLON, PROSTATA,
BRUST, LUNGE, OVARIEN, CERVIKAL), LEUKÄMIE, ASTHMA, DIABETES,
MALARIA, SENILE OSTEOPOROSE, DEPRESSION, PSYCHOSE,
SCHIZOPHRENIE, SCHMERZEN, ERKRANKEN DES VERDAUUNGSTRAKTES
(GASTRITIS, ULCERA), INFLUENZA, KREISLAUFERKRANKUNGEN (ANGINA,
HOCHDRUCK, ARTERIOSKLEROSE, APPOPLEXIE, INFARKT), PARKINSON,
CEREBRALSKLEROSE, HAUTERKRANKUNGEN, EPILEPSIE,
ALTERSERKRANKUNGEN, AMYLOIDOSE, MYELO-OPTICO-NEUROPATHIE,
AUGENERKRANKUNGEN (GLAUKOM, CATARACT, RETINA ABLÖSUNG,
ENTZÜNDUNGEN DER RETINA UND DES OPTISCHEN NERVEN, BEHCET),
CANDIDA ALBICANS.
GERMANIUM WIRKT ANTIMUTAGEN, AUCH RADIOAKTIVER STRAHLUNG
GEGENÜBER, ENTGIFTET DEN KÖRPER VON SCHWERMETALLEN. AUCH
GEGEN DIE NEBENWIRKUNGEN VON KOBALTBESTRAHLUNGEN WIRKEN
300MG/TAG, NACH EINLEITENDEN 100MG, SEHR GUT. ES WIRK
SCHMERZLINDERND BEI CARCINOMPATIENTEN, RHEUMA UND ANGINA.

Vielleicht teilt sich Organisches Germanium auch sein „Schicksal" mit dem
nicht weniger effizienten Strophanthin, das ebenfalls jahrzehntelang
erfolgreich (als Herzmittel) eingesetzt wurde und in Deutschland plötzlich
verboten wurde.

GERMANIUM ZUR AKTIVIERUNG DER ZIRBELDRÜSE
Der bekannte Arzt Dr. Kuzuhiko Asai aus Japan entdeckte im Jahre 1967 das Germanium, als er unter starker Arthritis litt und fieberhaft nach einer Lösung suchte. Er synthetisierte es und konnte damit seine Krankheit erfolgreich besiegen. Weitere Studien zeigten, dass Germanium erstaunliche Heilfähigkeiten aufwies und bei verschiedenen Krankheiten und Körperproblemen eingesetzt werden kann, z.B. bei: Darmkrebs, Leukämie, Gebärmutterhalskrebs, Lungenkrebs, Eierstockkrebs, Mammakarzinom, Prostatakrebs, chronischem Müdigkeitssyndrom, Entzündung der Netzhaut, Asthma, Reynaudsche Krankheit, Leberfehlfunktion, Herzinfarkt, Leberzellkarzinom, Prostataleiden, Augenerkrankungen aller Art, Demenz, Hepatom, Epilepsie, Erkrankungen des Nervensystems, Parkinson, Malaria, Netzhautablösung, Schizophrenie, Arteriosklerose, Hörschwäche, Borreliose, Ulcera, Depressionen, rheumathoide Arthritis, Rheumatismus, Asthma, Diabetes, senile Osteoporose, Depression, Psychose, allgemeine Schmerzen, Erkranken des Verdauungstraktes (Gastritis, Ulcera), Influenza, Kreislauferkrankungen (Angina, Arteriosklerose, Appoplexie, Infarkt), Parkinson, Cholesterin, Hautregneration, Verletzungen aller Art, Cerebralsklerose, Hauterkrankungen, Epilepsie, Alterserkrankungen, Amyloidose, Myelo-Optico-Neuropathie, Bestrahlungen, Augenerkrankungen aller Art, Anti-Aging, Faltenbildung, Candida albicans und Germanium ist darüber hinaus antioxidativ, schwemmt Drogen aller Art aus, sauerstoffanreichend, zytotoxisch (zerstört Krebszellen), antikarzinogen, schmerzstillend, antifungal, entgiftend, immunstimulierend und antiviral.

Wie man unschwer erkennen kann, wirkt es sehr gut bei diversen Krebsformen. Auf diese Weise wird es in Japan und in den USA zuweilen eingesetzt. Doch die Pharmaindustrie, so lautet die Vermutung verschiedener Ärzte, hat dafür gesorgt, dass organisches Germanium zugunsten viel teurer Medikamente in ganz Europa verboten wurde. Laut Dr. Asai sind die meisten Krankheiten einem Mangel an Sauerstoff in den Zellen zuzuschreiben. Germanium hingegen hilft immens stark dabei, den Zellen wieder Sauerstoff zukommen zu lassen. Er erklärt, dass das Germanium die sauren Wasserstoff-Ionen und freie Radikale an sich bindet und den Körper rundum entgiftet. Selbst Schwermetalle, wie Quecksilber und Kadmium werden von Germanium gebunden und ausgeschieden. Eine weitere sehr interessante Fähigkeit ist es, dass es auch bei Strahlungen unterschiedlicher Arten hilft. Germanium schützt die Zellen vor Kobalt– oder radioaktiver Strahlung.

Manche gehen davon aus, dass man Germanium nicht zu sich nehmen sollte, da es ebenso ein Metall ist und den Körper somit eher belastet als ihm hilft. Doch dies trifft nicht zu, denn Germanium ist kein Metall, sondern ein Halbleiter und dieser wird vom Körper innerhalb eines Tages leicht ausgeschieden. Im Weiteren ist es schwer, sich in irgendeiner Form damit über zu dosieren und aufgrund seiner schmerzstillenden Wirkung gegen jeden akuten Schmerz hochgradig effektiv. Die Dosierung ist ähnlich wie bei Borax vorzunehmen, d.h. man nimmt es fünf Tage lang und pausiert am Wochenende.

Meist wird Germanium als Pulver geliefert und die Dosierung ist ganz unterschiedlich und wird von der jeweiligen Krankheit abhängig gemacht. Als Faustregel kann man sagen, dass meistens mit ca. 500 bis 1000 mg täglich gearbeitet wird. Sollte die Krankheit jedoch Schmerzen verursachen, kann man die Dosis sogar bis auf das sechs- bis achtfache erhöhen. Germanium ist frei von Nebenwirkungen, man kann sich nicht überdosieren und ist völlig ungiftig. Um es optimal wirken zu lassen, sollte man täglich unbedingt mindestens 2 L Wasser zu sich nehmen. Germanium ist aber auch in Pflanzen zu finden. Besonders zu erwähnen sind hierbei Ginseng und Goji-Beeren. Sie weisen eine recht bemerkenswerte Ansammlung von organischem Germanium auf.

Ob diese Menge jedoch als erforderliche Dosis ausreicht, ist noch zu prüfen. Doch erinnere man sich an dieser Stelle, dass ich einst diese beiden Pflanzen zur Entkalkung der Zirbeldrüse erwähnte. Somit ist es richtig anzunehmen, dass Germanium tatsächlich unterstützend auf die Zirbeldrüse wirkt. Dr. Asai fügte jedoch hinzu, dass man bei dem Versuch, seine Zirbeldrüse mit Germanium zu entkalken, unbedingt auf Zucker, Mehl und viel Salz verzichten sollte – wenn irgendwie möglich, sich auch vegan zu ernähren. Germanium besitzt nämlich die Eigenschaft, Drüsen zu vergrössern. Eine Vergrösserung der Zirbeldrüse, so Dr. Asai, wird auf Dauer luzides Träumen und hellseherische Fähigkeiten aktivieren.

Leider, und dies sollte ich hier erwähnen, gibt es aufgrund des europäischen Germanium-Verbots viele Firmen, die dies fälschen, strecken oder manipulieren. Aufgrund diverser Gesetze bin ich nicht befugt, jene Firmen anzuführen, die ein unreines oder verfälschtes Germanium anbieten, daher kann ich nur versuchen, den interessierten Personen einige Hinweise zu geben, wie man an reines Germanium herankommen könnte. Natürlich seien meine Hinweise nur aus rein informativen Gründen erwähnt, wer hingegen unbedingt meint, dies ausprobieren zu müssen, wird dies auf eigene Verantwortung unternehmen. Die japanische Firma Tokai Sangyo soll beispielsweise reines Germanium anbieten. Immerhin ist der Verkauf in Japan nicht verboten und dies lässt annehmen, dass hier weniger Fälschungen produziert werden.

Die Europäische Regierung, hat aufgrund ihrer Fehlinformationen und Hetze gegen Germanium der Bevölkerung zumindest insofern gesundheitlichen Schaden zugefügt, da das Verbot viele Betrüger auf den

Markt gebracht hat. Dieses Problem ist beispielsweise auch durch das Verbot von Marihuana bekannt, wenn Strassenverkäufer unreines, verstrahltes oder gestrecktes Marihuana verkaufen. Das Problem ist, dass man in einem Labor nicht mit absoluter Sicherheit bestimmen kann, ob man es mit Germanium zu tun hat. Sicherlich einer der Gründe, dass hier gern einmal absichtlich Fälschungen produziert werden. Vor allem mischen manche Anbieter das Produkt mit Vitamin C oder anderen Pulvern unterschiedlicher Art und verwässern das Germanium. Daher ist also Vorsicht geboten. Sollte das Germanium in seiner Pulverform weiss sein, steht es bereits unter Verdacht, nicht authentisch zu sein. Wenn man es ins Wasser gibt, sollte es sich gänzlich auflösen und kein Rest verbleiben. Es darf dabei keinerlei Rückstände am Boden ergeben, selbst nach Tagen muss das Wasser noch kristallklar sein. Und wer genauer ist, kann es mit Ethanol oder Diethylether versuchen aufzulösen – was dann nicht gelingen darf. Es existieren weitere Quellen natürlichen Germanium in Kokosnussöl, Ginseng, Goji-Beeren, Aloe, Chlorella-Algen, grünen Bohnen und Mandeln. Bei Silberstab.de gibt es sogar Germanium als Silberwasser, das eben, ähnlich wie kolloidales Silber, zu sich genommen wird.

Auch eine interessante Idee, die man gern einmal testen könnte. Da das Germanium, wie beispielsweise auch Borax, versucht, die Zirbeldrüse von Kalk zu befreien, entzieht es dabei ebenso den Zellen Kalzium. Der Besitz von Germanium ist natürlich nicht verboten, aber die therapeutische Anwendung oder es auch schon nur als Nahrungsergänzung anzubieten, ist untersagt. Man macht sich also durch den alleinigen Besitz nicht strafbar. Die Händler in Europa werden daher regelrecht gejagt, wenn diese Germanium anbieten. Aus diesem Grund kann man in Apotheken nicht fündig werden. Im Ausland sollte man es auch nicht bestellen, weil der Zoll dies abfangen und noch ein Bussgeld für den Importversuch auferlegen würde. Schon seltsam, wenn man darüber nachdenkt, dass fast 90% der zugelassenen Medikamente in Deutschland in einer Überdosierung tödlich giftig sind, aber Germanium völlig ungiftig und trotzdem verboten ist. Germanium ist in jedem Fall ein kleines Wundermittel und tausende von Menschen von Rheuma und Krebs geheilt, auch wenn es niemals bekannt wurde. Jene Stellen, die das Germanium haben verbieten lassen, sind vermutlich mit gleichen Interessen ausgestattet wie jene, die partout nicht darüber berichten. Wie bereits erwähnt, ist Germanium ein hervorragendes Mittel, um eine lange Liste an Krankheiten aufzulösen und zusätzlich noch die Zirbeldrüse zu entkalken.

Auch Personen mit Krebs, Blindheit und anderen sehr unangenehmen Zeitgenossen könnten hier auf ein Wundermittel gestossen sein, das bei weitem effektiver ist als das, was Krankenhäuser anzubieten haben.

WIE MAN DIE GESTEIGERTE DURCHBLUTUNG DANK GERMANIUM
MESSEN KANN

ABI steht für Ankle-Brachial-Index (zu Deutsch: Knöchel-Arm-Index). Die
ABI-Messung ist eine einfache, schmerzfreie und nur wenige Minuten
dauernde Untersuchung, bei der an beiden Armen und Beinen der obere,
systolische Blutdruck mittels Blutdruckmanschette und Ultraschallgerät
gemessen wird. Sie dient zur Früherkennung von Durchblutungsstörungen
der Beine. Die entsprechende Erkrankung nennt man Periphere Arterielle
Verschlusskrankheit oder kurz PAVK und wird in den meisten Fällen durch
Gefässverkalkungen (Atherosklerose) verursacht. Die PAVK ist auch unter
dem Namen Schaufensterkrankheit bekannt, da Betroffene wegen der
verminderten Durchblutung der Beine nur kurze Wegstrecken (von
Schaufenster zu Schaufenster) laufen können.

Die ABI-Messung ist eine Untersuchung aus der Angiologie, einem
Teilgebiet der Inneren Medizin.
Bedarf es einer speziellen Vorbereitung auf die Untersuchung

Die ABI-Messung kann ohne besondere Vorbereitung durchgeführt
werden. Unmittelbar vor der Messung muss man für etwa 10 Minuten
ruhig liegen.

Was wird vor der Untersuchung abgeklärt
Vor der ABI-Messung ist keine spezielle Abklärung notwendig.

Wie wird die ABI-Messung durchgeführt
Die Untersuchung erfolgt im Liegen nach einer 10-minütigen Ruhepause.
Mittels Blutdruckmanschette und Ultraschall wird der obere
Blutdruckwert (systolischer Blutdruck) nacheinander an beiden Armen
und Knöcheln gemessen und aus den Werten der rechte und linke
Knöchel-Arm-Index ermittelt. Ein Wert unter 0.9 bedeutet, dass eine
Durchblutungsstörung (PAVK) vorliegt.

Wann wird die ABI-Messung eingesetzt
Die ABI-Messung dient zur Diagnose von Durchblutungsstörungen in den
Beinen und um deren Schweregrad zu bestimmen. Bei Personen mit
einem entsprechenden Risiko wird sie zur Früherkennung im Rahmen der
Gesundheitsvorsorge durchgeführt. Mit der ABI-Messung lässt sich auch
das persönliche Risiko für einen Herzinfarkt oder Schlaganfall als Folge der
Gefässerkrankung einschätzen.

Häufige Gründe für eine ABI-Messung sind:
PAVK, Periphere Arterielle Verschlusskrankheit

Zur Vorsorgeuntersuchung ab 55 Jahren oder auch schon früher bei
entsprechenden Risikofaktoren für eine PAVK: Bluthochdruck
(Hypertonie), starkes Übergewicht (Adipositas), Cholesterinerhöhung
(Hypercholesterinämie), erbliche Durchblutungsstörungen (PAVK in der
Familie), Diabetiker (Zuckerkrankheit), Raucher, Schmerzen in den Beinen

Hat die ABI-Messung Risiken oder Nebenwirkungen?

Diese Untersuchung ist schmerzlos und hat keine Risiken.

In Deutschland ist Germanium schwer erhältlich und viele versuchen es über das Ausland zu beziehen, was aber bezüglich Zollgebühren und Qualitätskontrolle nicht ratsam ist. Ein weiteres Antiseptikum, welches der Industrie ein Dorn im Auge war und den Antibiotika-Absatz gefährlich zu werden schien. Auch ist dringend abzuraten, Germanium über Händler in China zu beziehen, da es dort leider einige unseriöse Händler gibt und man Teilweise Germanium von weniger als 3% Reinheit erhält.

Vita-Chip

Elektrosmog ist ein fester Bestandteil unseres modernen Lebens. Wir sind täglich elektromagnetischen Feldern ausgesetzt, z. B. durch Mobil- & DECT- Telefone, PC-Tablets, Laptops, W-Lan-Router, Monitore, Spielkonsolen, Fernseher und natürlich die inzwischen allerorts aufgestellten strahlungsstarken Mobilfunkmasten.
Ein elektronisches Gerät, wie z. B. ein Mobiltelefon wird mithilfe eines Vita Chips zu einem Bioresonanz-Gerät.
Der Vita Chip harmonisiert die negative unnatürlichen Strahlung. Diese revolutionäre Technik erreicht die Störfelder, gleicht diese aus und bietet dem Benutzer eine deutliche Verbesserung der Lebensqualität. Dabei ist es ihnen besonders wichtig Kinder, Jugendliche und werdende Mütter von den Nebenwirkungen des Elektrosmogs zu schützen.
In der Schweiz produziert und entwickelt mit der neusten Technik für die Raumfahrt stehen die Produkte für beste Qualität und fortschrittliche Technologie. Für verschiedene Einsatzbereiche entwickelt, harmonisiert der Vita Chip negative Energien, Lebensmittel, Getränke und Räumlichkeiten.

Tipp:
In jedem Haushalt hat es mehrere Strahlungsquellen wie z. B. Mobil- & DECT-Telefone, PC-Tablets, Laptops, W-Lan-Router, Monitore, etc.
Kaufen Sie mehrere Vita-Chips (im Set mit 8 Chips für nur Fr. 431.- statt Fr. 568.-) und kleben Sie diese an unauffälliger Stelle auf. Dadurch bauen Sie ein ganzes Harmonie-Netz auf, welches sich gegenseitig noch verstärkt.
Der elektrosensible Heilpraktiker Matthias Cebula hat festgestellt, dass der Vita Chip sogar Mineralien-Mangel wie zum Beispiel Zink- und Vitamin B12-Mangel ausgleichen kann.

Der Vita Chip reduziert biophysikalischen Stress auf nahezu null.

Wissenschaftliche Studie

Die Wirkung des Vita-Chips wurde bestätigt. Die RECON Schmerzstudie wurde im renommierten Neuroscience und Biomedical Magazin veröffentlicht. Darauf sind sie stolz. Die Studie zum Nachlesen finden Sie hier:

Wichtiger Hinweis:

Die hier vorgestellte Technologie entspricht (wie beispielsweise die Homöopathie, die Bioresonanz, Bereiche der Akupunktur) nicht der schulwissenschaftlichen Auffassung und Lehrmeinung. Wirkungen und Effekte der Produkte sind wissenschaftlich und schulmedizinisch bislang noch nicht bestätigt worden. Die Erfahrungsberichte, sowohl in Text- und Bildform, als auch die in Videos gezeigten, geben ausschliesslich die Erfahrungen einzelner Anwender des Vita Chips wieder. Es kann, aber muss nicht sein, dass Sie dieselben Erfahrungen machen.

Bitte beachten Sie, dass der Vita Chip kein Medizinprodukt ist, keine schulmedizinisch anerkannte Therapiemethode darstellt und einen Besuch bei Ihrem behandelnden Arzt und/oder Heilpraktiker in keinem Fall ersetzen kann!

Zapper, Parasitenkur

Der Zapper nach Dr. Hulda Clark ist DAS Werkzeug, wenn es darum geht, den Körper von lästigen Würmern, Parasiten, Bakterien und Viren zu säubern.

Innerhalb von nur rund 60 Minuten können Sie alle HIV-Viren, alle Bakterien und alle Parasiten, inklusive Egel, die der Zapperstrom erreichen kann, töten. Nur wenige Überlebende ste-cken in Gallensteinen, Nierensteinen, Abszessen oder im Darminhalt.

Zapper nach Dr. Hulda Clark
Der Zapper basiert auf den Orginalplänen von Dr. Hulda Clark und ist die Einstiegsvariante unter den Zappern. Auch für Kinder und Tiere bestens geeignet.

Das Gerät wird in Deutschland gebaut.

- CE Zeichen
- Richtlinie 89/336/EWG
- EG Richtlinie 2002/95/EG
- Rechteckfrequenz 32 - 34 kHz
- Stabile Frequenz auch bei nachlassender Batteriespannung
- Batteriekontrolle
- 100 % positiver Offset
- 24 Monate Garantie

ANLEITUNG

Tägliche Anwendung:
7 Min. " Zappen " --- 20 Min. Pause
7 Min. " Zappen " --- 20 Min. Pause
7 Min. " Zappen " --- 20 Min. Pause

(Empfehlungen nach Dr. Hulda Clark)

WICHTIGER HINWEIS
Achtung: Bei Personen mit Herzschrittmacher bzw. bei Schwangerschaft,
sollte das Verwenden eines Zappers mit dem Arzt abgestimmt werden!

LIEFERUMFANG
1x Zapper mit 4mm Anschlussbuchsen
2x Handgelenkbänder mit Verbindungskabel
1x Betriebsanleitung mit Infomaterial

Networking, Direktvertrieb, Multilevelmarketing MLM

Erklärung

Als ursprünglich gelernter Verkäufer, liebe ich das Verkaufen und kenne auch alle Vertriebsformen. Und seit Jahren muss ich auch immer wieder Leuten erklären, was Network Marketing und Direktvertrieb ist oder eben nicht. Sehr viele Leute haben in diesem Bereich einfach nur Halbwissen oder sind schlichtweg falsch informiert.

Ich erkläre dann immer anhand eines einfachen Beispieles, was Network Marketing ist.

Networkmarketing basiert auf dem Konzept, dass eine Firma Produkte oder Dienstleistungen anbietet, dazu aber nicht selber Läden eröffnen und Verkaufspersonal einstellen möchte. Stattdessen bieten Sie Personen, welche selbständig und gewinnorientiert arbeiten möchten die Möglichkeit, die Produkte bei Ihnen günstiger zu beziehen und selber zu verkaufen oder bei manchen Networks ist sogar das nicht nötig und überzeugte Endkunden können die Ware direkt übers Internet bestellen und man bekommt seine Provision.

Zusätzlich werden solche Networker belohnt, je nachdem wie aktiv Sie sind. Wenn man zum Beispiel einen Stammkunden gewinnen kann, welcher danach regelmässig Ware bestellt oder gar jemanden vom Produkt so überzeugen konnte, dass er/sie die Ware nicht nur selber nutzen, sondern gar selber verkaufen will, so fällt die Provision nicht nur grösser aus, sondern man erhält auch noch Provision an den von dieser Person erzielten Umsätze. Also genau sowie, wie wenn Sie in einem Warenhaus angestellt sind und auf Provision arbeiten. In einem solchen Fall erhalten Sie nur Provision auf die von Ihnen verkauften Sachen. Wenn

Sie aber ein Verkaufsteam haben, so erhalten Sie auch einen Teambonus. Und genau hier ist der Unterschied zum Warenhaus, wenn Sie in einem Networkbetrieb arbeiten. Als Angestellte/r einer Firma können Sie nicht einfach neue Leute „einstellen". Im Networkmarketing geht dies nicht nur, es wird sogar gefördert.

Heute gibt es Networks, welche es Ihnen ermöglichen, mit minimalstem Aufwand zu starten und Sie erhalten alle Werkzeuge, um Ihre selber gesteckten Ziele zu erreichen. Ich kenne Leute, welche nur in einem Network arbeiten, um nebenbei etwas zu verdienen oder dass sie die eigenen Produkte günstiger oder gratis bekommen. Andere Personen haben sich kleine Teams aufgebaut und erhalten ein hübsches Nebeneinkommen (quasi als kleine Teamleiter) und wiederum andere haben von einer Sache, einem Produkt oder einer Dienstleistung so vielen Leuten erzählt und konnten diese so begeistern, dass Sie 10,20,30 oder noch mehr Personen in Ihrem Team haben. Und dann ist es wie in jeder Wirtschaft: Wenn Sie viele Leute haben, welche Sie „betreuen" und welche unter Ihrer Riege arbeiten, verdienen Sie auch mehr.

Wenn Sie eine eigene Firma haben und 20,30 oder mehr Mitarbeiter haben, so werden Sie auch einen entsprechenden Umsatz machen und ein ordentliches Einkommen haben. Beim Network Marketing ist es genau dasselbe. Nur dass Sie hier einen entscheidenden Vorteil haben: Sie müssen nicht selber Produkte entwickeln, bezahlen keine Fix- und Sozialkosten für Ihre Angestellten und Ihre Leute sind so selbständig, dass Sie selber extrem aktiv sind.

Ich bin in so manchen Networks. In einigen nur um die Produkte für mich selber günstiger zu erhalten, in anderen nur um informiert zu bleiben und in meinem Hauptnetwork habe ich heute ein Team von über 1000 Leuten. Und wer so viele „Angestellte" hat, verdient auch entsprechend...

Ist das auch etwas für mich?

Häufig bekomme ich auch zu hören: Network Marketing – ist das auch etwas für mich? Wie ich finde ist Network Marketing für jeden motivierten Menschen geeignet, der ohne Risiko ein solides Zweiteinkommen erzielen möchte oder aus dem Hamsterrad ausbrechen will. Diese Möglichkeit bietet sowohl nebenberuflich als auch hauptberuflich die Möglichkeit, ein Einkommen zu erzielen. Network Marketing ist ausserdem für jeden Menschen geeignet, der auf persönliche Weiterbildung setzt – der etwas über Verkauf, Selbstständigkeit, Wohlstand und Erfolgsgesetze lernen möchte. Network Marketing fördert sowohl das persönliche Wachstum als auch die sozialen Kontakte. In der Regel entstehen zwischen den Vertriebspartner private Freundschaften. Dementsprechend macht diese Tätigkeit vielen Menschen Spass und bringt Erfüllung in ihren Alltag.

Warum Networking oder eben nicht

Ich kann nur jedem Raten, eine Chance wie Networkmarketing für das persönliche Wachstum zu nutzen.
JEDER, der seine Komfortzone verlassen und seine Routine durchbrechen möchte, kann ein erfolgreicher Networker werden.

Sehr, wirklich sehr sehr viele therapeutisch tätige Personen könnten 10%, 20%,30%, manche gar 50% mehr Umsatz sehr gut gebrauchen. Wenn ich diesen Leuten dann aber Ideen gebe und diese aus dem Bereich Network Marketing kommen, winken sie sofort ab. Ich wechsle dann häufig das Thema, denn Network Marketing ist meines Erachtens das ehrlichste Geschäft, das es gibt und wer seine eigene Komfortzone nicht verlassen will, dem kann ich auch nicht helfen. Ich lache dann innerlich immer ein bisschen, denn oftmals sagen genau diese Therapeuten Ihren Kunden, Sie müssten die Komfortzone verlassen, sich anders ernähren, mehr bewegen etc. aber selber möchten Sie sich nicht aus Ihrer eigenen Komfortzone bewegen.

Die bekanntesten Networks

An dieser Stelle werden die bekanntesten Networks in Italien, Deutschland, Österreich und der Schweiz kurz vorgestellt.

Sanuslife International

Sanuslife ist momentan wohl das interessanteste Network auf dem Markt. Die Firma wurde bereits 2006 gegründet, hat Ihren Hauptsitz in Bozen im Südtirol und hat sich auf das Thema basisches Aktivwasser spezialisiert. Die Produktpalette wird mit Mineralien und Spurenelementen sowie basischer Kosmetik abgerundet. Das Besondere an diesem Network ist, dass die Firma einen eigenen Coin herausgibt, welcher nicht käuflich erwerbbar ist, sondern den Vertriebspartner kostenlos erhalten durch Ihre Aktivitäten. Gestartet bei 0.10 Cent ist der Coin heute bereits EUR 3.71 Wert und hat so bereits die ersten Millionäre geschaffen.
Für Networker, aber auch für Einsteiger im Networkmarketing ist diese Firma heute das wohl interessanteste Vertriebskonzept mit 20 Bonusstufen und wer hier seine Komfortzone verlässt und richtig aktiv arbeitet, wird seine Ziele ganz schnell erreichen.

Link:
https://vdm.sanuslife.com

 **Ringana**

Ringana wurde 1996 gegründet und ist im Bereich Frischekosmetik unterwegs, hat aber mittlerweile auch Vitamine und Drinks. Der Hauptsitz ist in Hartberg, Österreich.

Das Sortiment umfasst heute über 100 Produkte, was es Verkäuferinnen nicht ganz einfach macht, den Überblick zu behalten und alle Produkte gleich gut zu kennen.

Link:
http://www.ringana.com

 **Herbalife**

Herbalife ist im Bereich Nahrungsergänzungsmittel tätig und hat Ihren operativen Sitz in Los Angeles. Herbalife wurde1980 von Mark Hughes gegründet und wird seit dem 15. Dezember 2004 an der New York Stock Exchange unter dem Kürzel HLF geführt. Der Jahresumsatz von Herbalife betrug im 2013 4,825 Milliarden Euro.

Link:
https://www.herbalife.com

 Forever

Forever Living Products (FLP) wurde 1978 in Scottsdale, Arizona von Rex Maughan gegründet. Mittels Network-Marketing und circa 10 Millionen Distributoren in 150 Ländern erwirtschaftet sich das Unternehmen jährlich einen Umsatz von fast 3 Milliarden US-Dollar. FLP bietet Kosmetik, Fitnessgetränke, Nahrungsergänzungsmittel sowie Körperpflegeprodukte auf Aloe-Vera-Basis an.

Das meistgenutzte Produkt ist ein Getränk auf Aloe-Vera-Basis, das in vier Variationen (Natürlich, mit Orangensaftkonzentrat, Pfirsich und Moosbeere) erhältlich ist. Weitere Produkte sind verschiedene Lotions, Gesichtspflegemittel, Nahrungsergänzungsmittel, Shampoos, Deodorant, Aftershave, Lippenbalsam, Zahnpaste, Parfüme und Waschmittel.

Vertriebsweg
Der Produktvertrieb erfolgt durch sogenanntes Empfehlungsmarketing, das auch unter dem Begriff Network Marketing bekannt ist. Dieses Vertriebssystem basiert ausschliesslich auf den eigenen Distributoren, sodass die Gewinnmargen nicht, wie herkömmlich üblich, durch Zwischenhändler geschmälert werden.

Quelle: Wikipedia

Link:
http://www.flpg.de

PM-International AG ist ebenfalls Hersteller von Nahrungsergänzungsmitteln und Kosmetika mit Sitz in Schengen (Luxemburg). Das Unternehmen wurde 1993 von Rolf Sorg gegründet. Aktuell hat PV über 150'000 Vertriebspartner und 450 Mitarbeiter. Der Jahresumsatz betrug umgerechnet 200 Millionen US-Dollar.

Link:

https://www.pm-international.com

Auch **Synergy** ist im Bereich Nahrungsergänzungsmittel und vor allem mit den Themen Mikrobiom und L-Arginin bereits seit 1972 im Markt vertreten.

Link:
https://vdm.synergyworldwide.com

Das Unternehmen **Juice Plus+** wie man es heute kennt wurde 1993 mit der Einführung von Juice Plus+ bekannt. Seither hat sich die Juice Plus+ Company kontinuierlich weiterentwickelt und ihr Angebot ausgebaut. Was als kleiner Direktverkauf begonnen hat, ist inzwischen zu einem erfolgreichen, globalen Unternehmen geworden, das Menschen in mehr als 20 Ländern dabei unterstützt, ein besseres Leben zu führen. Das europäisches Headoffice ist in Basel.

Link:
http:// www.juiceplus.com

Lifeplus ist im Bereich Nahrungsergänzungsmittel und Kosmetik unterwegs. Die Firma wurde 1992 in den USA vom Apotheker Bob Lemon gegründet.
Seitdem hat sich Lifeplus zu einem der wahrscheinlich weltweit führenden Unternehmen im MLM Business Marketing entwickelt und liefert qualitativ hochwertige Ernährungsprodukte, die über ein Empfehlungsmarketing-Modell vertrieben werden.

Link:
https://ww1.lifeplus.com/ch/de

Einrichtung, Office

Lage, Standortanalyse

Bevor man an die Einrichtung einer eigenen Praxis gehen kann, gilt es entsprechende Räumlichkeiten zu finden. Dabei geht es nicht nur darum, wie der Grundriss der Praxis auszusehen hat und was die Minimumanforderungen sind, sondern auch wo sich diese befindet. Je nachdem, wie man gerne auftreten möchte, kann es vonnöten sein, dass man in einer gut frequentierten Einkaufszone ist, was meist teurer ist, oder aber dies bewusst als „stilles Gewerbe" in einem Wohnquartier macht. Ich habe meine Praxis ganz bewusst in einem Wohnblock, da meine Kunden die private Atmosphäre sehr schätzen und mich oft darauf ansprechen, dass mich genau dies von den Ärzten und ihren weissen, steril wirkenden Praxen unterscheidet.
Natürlich habe ich dadurch nicht die Möglichkeit, direkt Werbung vor dem Haus zu machen oder an den Fenstern für meine Praxis zu werben. Aber ich habe es auch noch nie erlebt, dass jemand spontan nur aufgrund einer Werbung vor Ort einen Termin bei einer therapeutisch tätigen Person gemacht hat. Wohl alle Kunden gehen sich zuerst über das Internet informieren oder kommen auf Grund einer Empfehlung. Eine Praxis in einem Wohnbereich ist also meist nicht nur wesentlich günstiger, sondern bietet auch so noch emotionale Vorteile. Und der „Nachteil" des Fehlens direkter Werbemöglichkeiten vor Ort (Schaufenster, Kundenstopper etc.) kann man sehr gut mit Werbung in den sozialen Medien wettmachen.

Räumlichkeiten, Grundausstattung

Die Grundausstattung einer Praxis richtet sich natürlich ganz danach, welche Therapiearten man anbietet. Braucht es eine bequeme Sitzgruppe für Gespräche, eine professionelle Massageliege, eine angenehme Liege für physikalische Gefässtherapie oder ein grosser Raum mit möglichst wenigen Möbeln für Bewegungstherapie. Man sollte aber nie ausser Acht lassen, dass man sich immer weiterbildet in der Naturheilkunde und man allenfalls die Möglichkeit hat, auch neue Therapiearten zu integrieren und auch diese Platz in den vorhandenen Räumen haben. Sicherlich braucht es auch Platz, um die Kunden empfangen zu können, wenn mal jemand etwas zu früh kommt und auch für administrative Arbeiten sollte man genügend Platz haben. Wer mit dem Gedanken spielt, auch Schulungen und Seminare zu geben (was übrigens über 70% aller Naturheilpraktiker machen) sollte auch überlegen, ob es sich nicht lohnt, eine etwas grössere Praxis zu mieten um die Seminare am eigenen Ort abhalten zu können, was die Logistik dann stark vereinfacht.

Computer

Ohne Computer geht es heute nicht mehr. Vor allem auch, weil auch therapeutisch tätige Personen eine entsprechende Informationspflicht gegenüber Ihre Kunden haben und deshalb auch genau festhalten müssen, welche Therapien gemacht wurden oder geplant sind und allenfalls welche Nahrungsergänzungsmittel als zusätzliche Ergänzung besprochen wurden.

Da es verschiedene Therapiegeräte wie etwa den Quanten Resonanz Analyser oder Hunter gibt, welche nur zusammen mit dem Betriebssystem Windows funktionieren, empfehle ich auf jeden Fall einen Computer mit Windows Betriebssystem. Von der Grösse her würde ich auf jeden Fall einen Laptop nehmen, da man damit auch gleich die eigene Möglichkeit schafft, dass man auch auswärts Kunden betreuen könnte und natürlich auch bei Bedarf und Wunsch stets seine Daten mitnehmen kann. Natürlich sollte man für die eigenen administrativen Arbeiten und Docking Station und eine ordentliche ergonomische Tastatur haben.

Software CRM, Buchhaltungssoftware

Egal wie gross eine Firma oder in diesem Falle eine Praxis ist, es benötigt immer ein Minimum an Software, um ordentlich arbeiten zu können. Heute gibt es zum Glück sehr gute Softwaremöglichkeiten, welche die Adressverwaltung, die gesamte Auftragsbearbeitung aber auch die Buchhaltung in einem Package vereinigen.

Comatic

Eine der bekanntesten Lösungen auf dem Markt dürfte die völlig
modulare Software von Comatik sein, welche jederzeit erweitert werden
und aus Adressverwaltung, Lagerbewirtschaftung, Auftragsbearbeitung,
Debitoren- und Kreditorenverwaltung aber auch Fibu und
Lohnbuchhaltung besteht.
Der grosse Vorteil bei dieser Lösung ist es, dass man die einzelnen
Softwarepakte kaufen und lokal nutzen kann oder aber auch, was ich
empfehle, in der Cloud nutzen und monatlich so mieten kann.

Link:
http://www.comatic.ch

Comatic

Standardmodule

„Ich war verrückt genug, mich selbständig zu machen. Bei der Wahl der Business Software habe ich einen kühlen Kopf bewahrt."

Alle Module sind einzeln und in ihrer Anzahl flexibel erhältlich — ebenso individuell
wie Ihr Unternehmen. Die Cloud-Lösung erhalten Sie ohne Aufschaltgebühr und ohne
Mindestlaufzeit, jederzeit auf Ende des Monats kündbar.

Bexio

Auch die Firma Bexio hat ein sehr ausgereiftes Softwarepaket, welches alle betriebswirtschaftlichen Wünsche abdeckt und optimale Anbindungen direkt zu verschiedenen Banksystemen vorweisen kann, so dass eingehende Zahlungen automatisch vom System erkannt und zugewiesen werden können.

Auch Bexio ist eine Cloudlösung so dass Sie immer und überall auf Ihre Daten zugreifen können.

Link:
http://www.bexio.ch

PostFinance SmartOffice

Wer in der Schweiz eine Praxis eröffnet, sollte sich unbedingt auch das Tool der Postfinance anschauen, da dieses auch eine perfekte Lösung integriert hat zur direkten Erkennung von eingehenden Zahlungen und diese entsprechend verbucht, aber auch Zahlungserinnerungen und Mahnungen vollautomatisch versenden.
Dadurch kann man sich ganz auf das eigene Business konzentrieren und muss nur allenfalls Rechnungen versenden, der Rest macht das System.

Leider ist keine direkte Buchhaltung integriert. Aber es gibt eine gute Schnittstelle, so dass man die erfassten Daten direkt an eine Buchhaltungssoftware wie z.B. Bananas übergeben kann.

Link:
https://smartbusiness.postfinance.ch

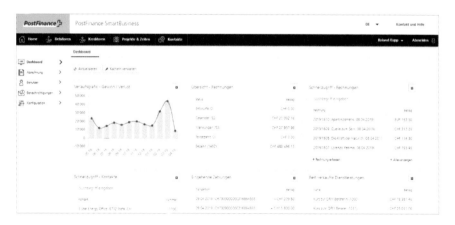

Cresus

Cresus sagt von sich, Sie sei die Referenz in Sachen Finanzbuchhaltung und ist erhältlich für Windows (10, 8.1, 8, 7 SP1), für Mac und für Linux.

Die MWST wird zum Kinderspiel. Bei Einkäufen, Verkäufen, Warenrücksendungen und Skonti werden die MWST-Buchungen automatisch erstellt. Kontrollieren Sie alles mit der MWST-Zusammenfassung, und erstellen Sie die MWST-Abrechnung mit ein paar Mausklicks.

- Voll mandantenfähig
- MWST-Abrechnung
- Mehrsprachige Kontenpläne
- Kontenplan jederzeit veränderbar
- Fremdwährungen
- Sammelbuchungen
- Kostenrechnung
- Automatisierte Übergangsbuchungen

Link:
http://www.cresus.ch

Pos Gerät, Quittungen, Nächster Termin

Damit Ihre Kunden auch bei Ihnen bezahlen können, ist es heute sehr zu empfehlen, wenn Sie auch Kreditkartenzahlungen annehmen können.
Dazu gibt es heute ganz einfache Lösungen, welche wahlweise Standalone oder direkt mit Ihrem Smartphone gekoppelt sind und die Initialisierungskosten mit CHF 69.00 (SumUp Air Terminal) ein absolutes Minimum betragen.
Dabei werden alle wichtigen Kartenanbieter unterstützt

Link:
https://ch-de.sumup.com

IT (Datenschutz, Datensicherung)

Ob Sie Ihre Daten lieber lokal auf Ihrem eigenen Computer haben

möchten oder in der Cloud, ist alleine Ihnen überlassen. Ich persönlich bevorzuge Cloud Lösungen, denn diese haben einen entscheidenden Vorteil:
Sich müssen sich nicht um den Datenschutz und die Datensicherheit kümmern, da dies der Serviceprovider übernimmt.

Und in Punkte Sicherheit, sind diese erst noch meist besser gesichert, als lokale Lösungen, denn dank Google Authentifikator sind heute solche Lösungen so gut geschützt wie Banksysteme und nur wer auch noch zusätzlich Zugriff auf Ihr Smartphone hätte, könnte sich wirklich an Ihre Daten heranmachen. Bei lokalen Lösungen ist dies meist sehr viel einfacher.

Ein weiterer wichtiger Punkt ist sicherlich auch, dass Sie sich nie um Updates kümmern müssen und im Falle eines Hardwaredefektes oder dem Verlust des PC's (Diebstahl, vergessen etc.) sind Ihre Daten trotzdem in der Cloud absolut sicher, vor allem aber können Sie sofort und ohne Verzögerung von überallher wieder auf Ihre Daten zugreifen.

Patientenmanagement

Ich bin zwar sehr computeraffin, aber beim Patientenmanagement bin ich eher noch „alte Schule". Da der Kunde bei mir das Anamneseformular eh von Hand ausfüllen und verschiedene Fragen beantworten muss, bleibe ich auch dann im weiteren Verlauf des Gespräches dem Papier treu und mache mir Notizen direkt auf der Patientenkarte. Denn wenn ein Patient kommt, habe ich natürlich stets seine Patientenkarte vor mir liegen und habe sofort Zugriff auf meine Notizen.

Wenn es Patienten sind, bei welchen ein längerer Behandlungszeitraum absehbar ist, so lege ich gleich zu Beginn eine Dokumentenmappe an. Dabei greife ich auf das bewährte Loseblatt-Ablagesystem von Classei zurück, welches sich ideal dafür eignet, da man damit nicht nur Patientendaten optimal ablegen und archivieren, sondern auch gleich Terminmanagement machen kann.

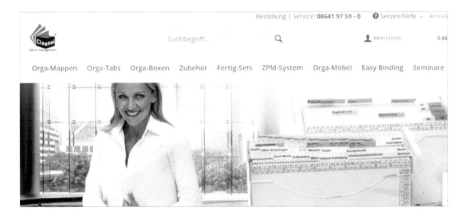

Classei ist das einzige mir bekannte System, mit welchem man sowohl die ganze Dokumentenablage UND das Terminmanagement machen kann.

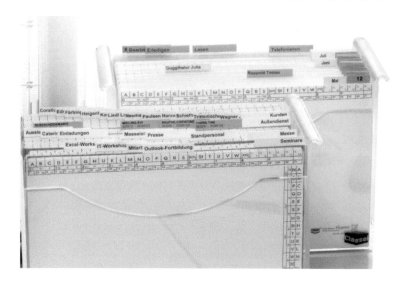

Link:
https://www.classei-shop.ch

Büromaterial

Oftmals wird unterschätzt, wieviel Büromaterial es wirklich benötigt. Natürlich kann man auch stets bei Bedarf beim nächstgelegenen Büromaterialanbieter einkaufen gehen, aber sicherlich spart man mehr Geld, wenn man auch in diesem Bereich eine Beziehung zu einem entsprechenden Anbieter aufbaut, dessen Kundenkonditionen nutzt und auch bequem von zu Hause aus bestellen kann und 24 Stunden später wird die Ware geliefert.

Ich kaufe so zum Beispiel direkt stets bei IBA Büromaterialbedarf ein, weil ich dort nicht nur sehr gute Konditionen habe, sondern dort auch viele weitere Produkte bis zu Esswaren, Reinigungsmitteln, Verpackungsmaterial und vielem mehr erhalte.

Link:
https://www.iba.ch

Tipp:

Werden Sie im Schweizerischen KMU Verband Mitglied (Die Mitgliedschaft ist bescheidene Fr. 100.—/Jahr) und Sie erhalten bei IBA bis zu 30% Rabatt. So haben Sie Sie ganz schnell – gerade, wenn Sie mit Ihrer Praxis starten – nicht nur Geld gespart, sondern noch viele weitere Vorteile durch die SKV Mitgliedschaft.

Als Alternative und Ergänzung habe ich auch Schäfer als Partner.

Link:

http://www.schaefer-shop.ch

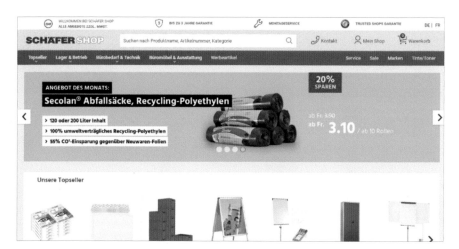

Desinfektionsmittel

Gerade bei Desinfektionsmitteln sollten Sie keinesfalls sparen. Bedenken

Sie stets, dass meist Leute zu Ihnen kommen, welche gesundheitliche Probleme haben oder ihr Immunsystem geschwächt ist. Da sollten diese Personen sicher sein dürfen, dass bei Ihnen alles soweit möglich desinfiziert ist.

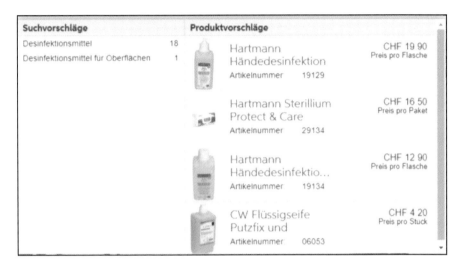

Link:
https://alpine-hygiene.ch

Kleidung

Kleider machen Leute. Dies gilt nicht nur im täglichen Leben, sondern auch bei der eigenen Praxis.

So habe ich beispielsweise eigene Shirts mit Kragen sowie Hemden, welche das Firmenlogo aufgedruckt haben. Diese ziehe vorzugweise bei Seminaren und Workshops an. Wenn ich Kunden empfange, habe ich meist beschriftete Shirts an. Dabei kaufe ich mir meist diese Hemden und Shirts separat und lasse diese dann in separaten Stores (meist in Einkaufscentern oder –passagen) kurz besticken.
Vielen Leuten ist auch nicht bekannt, dass heute selbst Onlinedruckereien wie www.wir-machen-druck.ch oder www.flyeralarm.ch einen solchen Service anbieten.

Link:

http://www-wir-machen-druck.ch

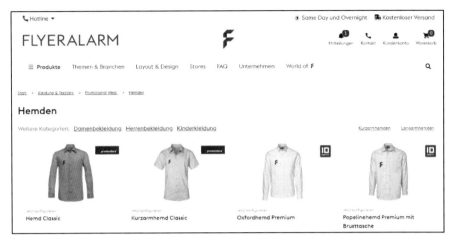

Link:

http://www.flyeralarm.ch

Wer therapeutisch mit Massagen etc. zu tun hat, sollte sich auf jeden Fall entsprechende Fachkleidung zulegen, da diese die eigene Bewegungsfreiheit optimal unterstützt, aber auch genügend Taschen hat zu Ablage von Hilfsmitteln.

Sehr zu empfehlen ist hier zum Beispiel Clinicdress

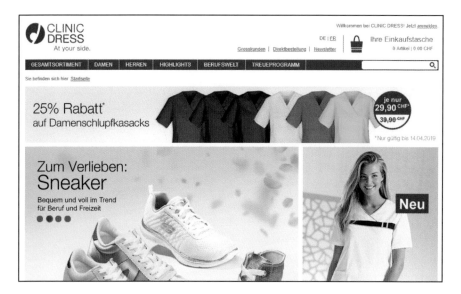

Link:
http://www.clinicdress.ch

Smartphoneladegeräte

Ein kleiner Tipp aus meiner Erfahrung: Schaffen Sie in Ihrer eigenen Praxis möglichst viele „Momente der Verblüffung" indem Sie einfach etwas anbieten, was man bei Ärzten oder anderen Therapeuten nicht findet.
So kommt beispielsweise bei meinen Patienten sehr gut an, dass Sie bei mir immer Ihre Smartphones laden können, da sie teilweise bei Gefässtherapien oder beim Zappen oder 1-2 Stunden bei mir sind und in der Zeit allenfalls so trotzdem am Handy arbeite, Musik hören, etwas lesen oder sich anderweitig unterhalten können.
Solche Ladestationen sind ja nichts anderes als entsprechende USB Stecker und Kabel. Schauen Sie einfach, dass Sie Kabel für alle gängigen Marken wie IPhones, Samsung und Android haben.

Ich habe mir so ein ganz einfaches Kabel mit Mehrfachsteckern gekauft und jeweils einen USB Stecker.

Link:
http://www.wish.com

8. Marketing

Das Marketing ist keinesfalls nur eine «Nebenarbeit» oder sollte erst angegangen werden, wenn die Firma einmal gegründet ist. Der Marketingplan ist meines Erachtens vor der eigentlichen Gründung noch fast wichtiger als der Businessplan (wobei der Marketingplan natürlich Teil des Businessplanes ist). Bei der Erarbeitung eines sauberen Marketingplanes kann es nämlich schnell passieren, dass man allenfalls erkennt, dass die angestrebte Tätigkeit ausgebaut werden sollte oder noch enger spezialisiert. Auch kann man zur Erkenntnis gelangen, dass die spätere Bewerbung der eigenen Praxis viel aufwändiger ist, als zu Beginn gedacht und man hierfür mehr Ressourcen an Zeit und Geld bereitstellen muss.

Zielgruppendefinition

Bevor man sich überhaupt mit dem Firmennamen, dem Logo oder der späteren Bewerbung auseinandersetzt, sollte man zuerst die Zielgruppe klar definieren. Die einfache Frage «Wer benötigt meine Dienste» ist hier die Basisfrage. Gefolgt von «Wieviel ist diese Kundengruppe bereit zu bezahlen» und «Wie weit reist diese Kundengruppe, um meine Dienste zu erhalten (Konkurrenzsituation).»

Beim Aufbau einer Naturheilpraxis ist es am einfachsten, wenn man sich die Zielgruppendefinition anhand des «Krankheitsbildes» resp. der Beschwerden definiert und danach auch entsprechend «gewichtet», unter Umständen sogar darauf spezialisiert. Die Spezialisierung auf mindestens ein Gebiet sollte man auch im therapeutisch tätigen Bereich unbedingt ins Auge fassen.

Auch wenn man «ganzheitlich» therapiert, so hat eine Spezialisierung doch den entscheidenden Vorteil, dass man dies marketingtechnisch besser nutzen kann.

Wenn Sie ein spezielles Problem; z.B. beim Auto haben, so gehen Sie doch auch lieber zum Spezialisten und nicht zu einem Allrounder.

In meinem Fall habe ich mich spezialisiert auf die Quanten Resonanz Analyse und mir in den vergangenen Jahren unterstützt von SocialMedia Kanälen darin einen Namen geschaffen. Wer heute «Bioscan» oder «Quanten Resonanz Analyse» im Internet eingibt und etwas recherchiert, wird über kurz oder lang auf einer meiner WebSites landen.

Die Zielgruppe habe ich mir auch anhand von möglichen Beeinträchtigungen der Lebensqualität und wie diese von der Quanten Resonanz Analyse erkannt werden kann, ausgewählt. Daraus ergibt sich dann später auch eine mögliche therapeutische Arbeit.

Für meine therapeutische Tätigkeit habe ich sechs verschiedene Hauptgewichtungen definiert und mittels einer Landingpage (eine kleine WebSite) mit einem kleinen Test und meinem Auto als Hauptmarketingmittel nebst der Präsenz im Internet und an Messen alles beisammen.

In meinem Fall habe ich folgende sechs Bereiche festgelegt:

Bereich	Zielgruppe
1. Gestresst	Berufstätige Personen Alleinerziehende Mütter Personen in Weiterbildung
2. Diäten bringen nichts	Personen, welche Gewicht verlieren möchten
3. Müde	Personen mit Müdigkeitserscheinungen
4. Magenprobleme	Personen, welche regelmässig saures Aufstossen oder Magenprobleme haben
5. Gedächtnisprobleme	Personen, welche merken, dass Ihr Gedächtnis nicht mehr so gut ist
6. Konzentrationsprobleme	Gestresste Personen

Diese sechs Bereiche habe ich sorgfältig ausgewählt, da heutzutage fast alle Personen bei mindestens einem dieser Bereiche gerne eine Verbesserung hätte. Dadurch ist meine Zielgruppe extrem gross und das von mir gesteckte Ziel, pro Tag 4 Kunden zu haben auch erreichbar.

Name der Firma

Erst nachdem ich festgelegt habe, was meine therapeutischen Haupttätigkeiten sind, habe ich mir überlegt, wie meine Firma heissen soll.

Aus meiner jahrelangen Erfahrung in den Bereichen Unternehmensberatung und Coaching habe ich zwei Dinge festgelegt, welche nicht im Firmennamen vorkommen dürfen:

1.

Keine Ortsumschreibung wie etwa «Praxis am Kreisel» oder «Zuger Therapiezentrum»

Dies ganz einfach, weil man nie weiss, ob man nicht in Zukunft einen Ortswechsel vornimmt und dann allenfalls auch den Firmennamen deswegen ändern müsste.

2.

Keine Tätigkeitsbezeichnung im Firmennamen. Auch dies einfach deshalb, weil man nie weiss, ob man nicht später eine andere therapeutische Richtung einschlagen will und dann allenfalls der Firmenname nicht mehr stimmt. Ich kenne heute sehr viele Kinesiologinnen und Hypnosetherapeutinnen, welche noch 2-3 andere Therapiearten betreiben, aber im Firmennamen nur diese Tätigkeit haben und deswegen oftmals nicht von potenziellen Kunden angefragt werden, weil ein Kunde vielfach einen «einen Spezialisten» haben möchte.

In meinem Fall habe ich mich deswegen auf den Firmennamen «Vitaldatenmessung» beschränkt, da meine erste Haupttätigkeit bei jedem Kunden stets zuerst eine Quantenresonanzmessung ist.

Logo

Natürlich sollte ein Firmenlogo einprägsam sein, etwas mit der eigenen Firma zu tun haben und als Firmeninhaber/in muss man sich damit identifizieren können, aber deswegen muss man nicht unbedingt einen Grafiker oder eine Grafikerin damit beauftragen, ein teures Logo zu gestalten. Gerade bei einem Firmenstart sollte man die Ausgaben möglichst geringhalten. Warum also nicht ein Logo von einem entsprechenden professionellen Designanbieter übers Internet auswählen?

Der Dienst www.logoshuffle.com bietet die Möglichkeit, online das eigene Logo zusammen zu stellen. Dabei kann die Farbe, Schriftart und das Design ganz einfach aus vielen Vorlagen zusammengestellt werden und man erhält stets viele Designvorschläge.

Logoshuffle generiert kreative Logo Ideen aus den selber zusammengestellten Vorgaben. Künstliche Intelligenz, ausgefeilte Lernalgorithmen sowie unzählige Schriftarten, Layouts und Farbvariationen generieren einzigartige Logo Designs und sorgen für treffsichere Markenidentitäten. Bei jedem „Shuffle" aufs Neue.

Logoshuffle ist sehr benutzerfreundlich konzipiert und lädt zum Experimentieren ein, die wesentlichen „Logo-Bausteine" können Sie in jeder Phase frei vorgeben und wieder ändern. Mit jedem „Shuffle" erstellt der Generator treffsicher eine große Auswahl passender Logos. Und zwar so lange, bis Sie sich für eines entschieden hast, welches Sie gleich verwenden oder im Logo Generator weiter verfeinern können.

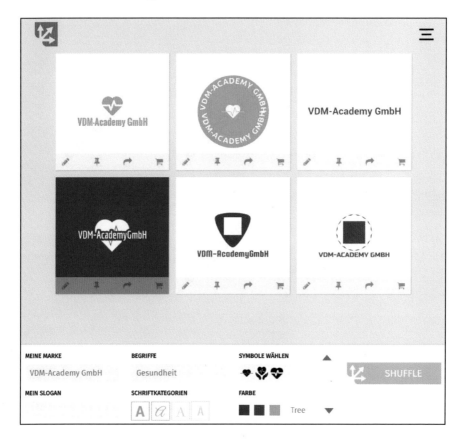

Link:

http:// www.logoshuffle.com

USP

Sucht man in Wikipedia nach USP, erscheint folgender Satz:
«Als Alleinstellungsmerkmal (englisch Uniqa selling proposition oder
unique selling point, USP) wird im Marketing und in der
Verkaufspsychologie das herausragende Leistungsmerkmal bezeichnet,
durch das sich ein Angebot deutlich vom Wettbewerb abhebt. Synonym
ist veritabler Kundenvorteil. Das Alleinstellungsmerkmal sollte
„verteidigungsfähig", zielgruppenorientiert und wirtschaftlich sein sowie
in Preis, Zeit und Qualität erreicht werden. Der Begriff gehört zum
Grundvokabular des Marketings. Ein Alleinstellungsmerkmal, d. h. ein
einzigartiges Nutzenversprechen, soll mit dem Produkt verbunden
werden.»

Genau dies sollte man unbedingt anstreben: Ein einzigartiges
Alleinstellungsmerkmal, so dass man wirklich als Spezialist (siehe auch das
Kapitel Zielgruppendefinition) aufgenommen wird und sich so ein Image
schaffen kann.
Dass dies geht, habe ich in meinem Fall sehr gut verdeutlicht:

Quanten Resonanz Magnetic Analyser werden seit über 10 Jahren
weltweit verkauft und über 4 Mio solche Geräte sind im Einsatz. Rund
2600 Händler bieten diese Geräte heute über Plattformen wie Alibaba etc.
an. Wie kann man sich also da eine Nische sichern?
Ich habe mir in meiner persönlichen Findungsphase vor dem Start meiner
Praxis diese Geräte genau angeschaut und festgestellt, dass die Geräte
zwar seit Jahren und in grossen Mengen verkauft werden, aber offenbar
hat sich nie jemand die Mühe gemacht, entsprechende Handbücher oder
gar Kurse zu diesen Geräten anzubieten.

So habe ich mich daran gemacht und zuerst ein entsprechendes Handbuch dazu geschrieben, danach Kursunterlagen erstellt und heute gibt es sogar Onlinekurse in Deutsch, Englisch und Italienisch zu diesen Geräten. Während dem Schreiben konnte ich mich so auch laufend selber in dieses Thema einarbeiten und erhielt so sogar direkt Kontakt zu den Herstellern in Asien und konnte aktiv an Weiterentwicklungen mitarbeiten und neue Ideen einbringen.

Wer heute in Google «Quanten Resonanz Magnetic Analyser» eingibt, landet unweigerlich auf meiner WebSite oder der Websites, meiner Partner, da ich durch das Anbieten von Kursen und weiterem Zubehör zu diesen Geräten natürlich auch ein schönes Händler- und Lehrernetz aufbauen konnte.

Sie sehen also, selbst in Märkten, welche schon sehr alt sind und es viele Anbieter gibt, ist es möglich, ein USP aufzubauen.
Deshalb mein klarer Tipp: Schauen auch Sie, dass Sie mindestens ein starkes USP haben und dieses danach auch entsprechend «vermarkten».

Kurse, Seminare, Vorträge anbieten

Viele therapeutisch tätige Personen schaffen es nicht, nur mit Ihren Tätigkeiten selbstkostendeckend arbeiten oder gar eine Zukunftssicherung (= Geld anlegen für die Altersvorsorge) machen zu können. Warum also nicht das eigene KnowHow in Kursen und Workshops weitergeben? Ich empfehle wirklich jeder therapeutisch tätigen Person, solche Kurse anzubieten, denn diese haben mehrere Vorteile:

1. Es ist ein ideales Marketinginstrument um neue Kunden zu erhalten
2. Man kann dadurch mehr Einnahmen erzielen
3. Man positioniert sich als Spezialistin auf diesem Gebiet

Wer nicht unbedingt vor Leuten solche Kurse anbieten möchte, kann heute auch gut das Instrument eines Webinars nutzen. So kann man ein komplettes Seminar in den eigenen 4 Räumen mit einer einfachen Webcam aufzeichnen und danach über Plattformen wie Edubase oder Webinaris anbieten und natürlich auch monetarisieren.

Die eigene Website

Die eigene WebSite ist im therapeutischen Bereich extrem wichtig und aktuell sicher noch höher zu werten, als Socialmedia Accounts auf Instagram, Pinterest und Facebook. Dies ganz einfach deshalb, weil das Klientel meist in der Alterklasse 40+ und eher im Internet als auf SocialMedia Kanälen unterwegs ist.

Die eigene WebSite muss aber auch nicht tausende von Franken kosten. Dies war sicherlich früher einmal so, heute aber gibt es sehr gute Tools, welche es selbst einem Laien ermöglichen, ansprechende WebSites zu gestalten. Natürlich gibt es den Spruch «Schuster bleib bei deinen Leisten», aber wenn es um die eigene WebSite geht, bin ich heute anderer Ansicht. Ich verändere fast jede Woche etwas an meiner WebSite, schreibe einen Blog-Beitrag oder ergänze die Seite mit einem neuen Testimonial. Wenn ich dies jedes Mal einem externen Designer übergeben müsste, so wäre dies nicht nur sehr zeit- sondern vor allem auch kostenintensiv. Ich habe mich an einem Sonntag an den Computer gesetzt und mir 3 verschiedene «Websitebaukastensysteme» angeschaut, getestet und danach meine WebSite erstellt. Sicherlich war diese zu Beginn «etwas holprig», aber heute habe ich dafür eine WebSite, welche meine Handschrift trägt, mein Wording hat und vor allem jederzeit von mir selber angepasst werden kann. Vor allem aber bin ich heute so versiert, dass es nicht nur bei einer WebSite blieb, sondern ich habe heute mehrere WebSites, welche mir so mehr Reichweite bringen, individuell auf die Suchbegriffe der Kunden zugeschnitten sind und mir so mehr Kunden bringen.

Nachfolgend stelle ich Ihnen 3 einfache WebSitetools vor. Für welches Sie sich entscheiden, überlasse ich ganz Ihnen.

Weebly ist ein sehr aufgeräumtes Tool, bei dem man wirklich schnell durchblickt. Über die Menüleiste am linken Rand erhält man schnellen Zugriff auf die Grundfunktionen. Klicken und ziehen reicht, um neue Textabschnitte, Bildergalerien oder Formulare in seine Weebly-Seite einzubauen.

In den USA ist Weebly eines der beliebtesten Tools, mit bereits mehr als 40 Millionen erstellten Websites. Ähnlich einfach wie der Editor ist übrigens auch die Tarifstruktur: der Grundtarif ist kostenlos und enthält einen Werbelink in der Fusszeile.

Der Pro-Tarif beinhaltet zudem Funktionen wie z.B. einen Passwortschutz Ihrer Seiten. Der Business- und Business-Plus Tarif richtet sich an User, die einen Online-Shop eröffnen wollen.

Fürs erste Jahr ist die Domain inklusive, danach fallen ca. Fr. 20.— pro Jahr an. In jedem Falle bietet sich zunächst ein Test des kostenlosen Tarifs an.

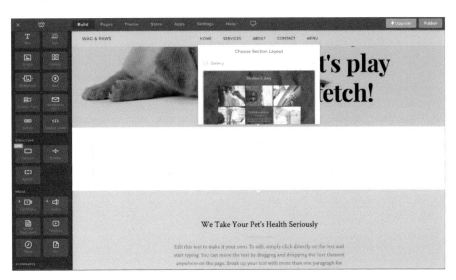

Der Homepage-Baukasten von **Wix** braucht sich nicht zu verstecken. Ganz im Gegenteil: über die letzten Jahre ist Wix international zu einem der grössten Homepage-Baukästen herangewachsen.

Wix' Zielgruppe sind u.a. Firmen, Restaurants und Künstler wie Musikbands oder Fotografen. Dazu sind sie auf Handys und Tablets optimiert darstellbar und können mit zahlreichen Funktionen wie z.B. ein Forum oder professionelle Bildergalerien über den "Wix App Market" ergänzt werden.

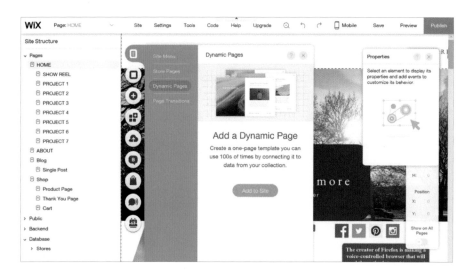

Bei **Jimdos** Homepage-Baukasten steht eine Grundidee im Mittelpunkt: konsequente Einfachheit. Den Jimdo-Editor zu verstehen ist eher eine Sache von Minuten als von Stunden. Jeder soll damit eine professionelle Internetseite ins Netz bringen können. Sei es die Homepage für ein Restaurant, eine Band oder einen Freiberufler.
Die Online Shop Funktion kann bei Bedarf einfach zugeschaltet werden und ist eine von Jimdos Stärken. Neben einer recht attraktiven Darstellung der Produkte bietet der Shop auch verschiedenen Bezahlvarianten und eine Lager- und Bestellverwaltung. Laut Jimdo sind inzwischen bereits 200.000 Shops online.

Mit dem Webseitenbaukasten Site123 kann man die eigene WebSite spielend einfach erstellen und danach laufend den eigenen Bedürfnissen anpassen. Dabei wird man komplett geführt und benötigt keinerlei Grundkenntnisse.

Link:
https://de.site123.com/?changeLan=1

Google Ads (vormals Google AdWords)

Hat man eine eigene WebSite, so ist dies erst der Anfang, denn es reicht nicht, dass man nur die WebSite realisiert. Die zukünftigen Kunden müssen auch noch erfahren, dass es diese WebSite (und somit Ihre Praxis) überhaupt gibt.
Danke dem Tool «Google Ads» ist dies auch nicht wirklich kompliziert und man kann schnell neue Websitebesucher gewinnen, Onlineverkäufe steigern, mehr Anrufe erhalten oder wiederholt Kundeninteresse wecken. Wenn man sich ein bisschen in das Tool arbeitet und 1-2 Stunden investiert hat den Bogen schnell raus und kann eigene Werbekampagnen erstellen, mitverfolgen und optimieren. Der Besuch teurer «AdWords Kurse» oder gar das beiziehen teurer «Google AdWords Spezialisten» ist wirklich nicht nötig und das so gesparte Geld kann man besser in eigene Kampagnen stecken.

Ich habe nach dem Start meiner WebSite «www.vitaldatenmessung.ch» eine solche Kampagne realisiert und in nur 4 Monaten über 1780 Klicks und 46'800 Anzeigen der Kampagne (so genannte Impressions) erzielt. Bei Kosten von gerade mal Fr. 643.— waren dies gerade mal Fr. 0.36/Klick.

Dier Kampagne hat mir so viele Kunden gebracht, dass ich die Kampagne nach 4 Monaten stoppen konnte, da ich genügend Neukunden hatte.

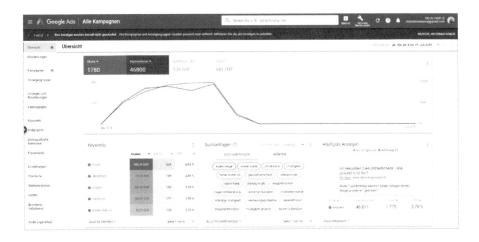

Google SEO

Während es bei Google Ads darum geht, über das gezielte Schalten von Werbung an neue Kunden zu kommen, geht es bei SEO darum, dass die WebSite so optimiert wird, dass Kunden, welche Begriffe auf Google eingeben, auf die eigene WebSite geleitet werden. Hier hilft die Google Search Console. Die Tools und Berichte der Search Console unterstützen Sie dabei, den Google Suche-Traffic Ihrer Website und ihre Leistung zu messen sowie Probleme zu beheben. Ausserdem sorgen sie dafür, dass Ihre Website in den Google-Suchergebnissen glänzt.

Auch hier ist es ein reines «Einarbeiten» welches nur etwas Zeit benötigt und man erhält alle Informationen, damit die eigene WebSite zukünftig auch in den Suchergebnissen erscheint.

Aussagekräftige Charts und genaue Anleitungen helfen, die eigene WebSite so zu optimieren, dass potentielle Kunden auch den Weg auf die WebSite finden.

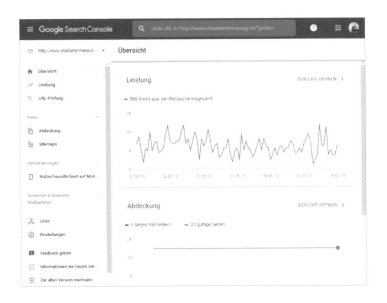

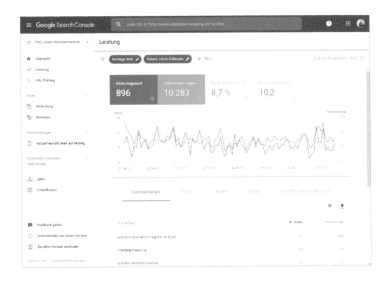

Google Analytics

Ist die WebSite einmal Online, dank GoogleAds finden Kunden den Weg auf die WebSite und dank Google SEO wird die WebSite auch über Suchanfragen gefunden, so ist es an der Zeit, dass man diese Daten auch auswertet, um später Optimierungen durchführen zu können.

Mit Google Analytics ist dies sehr einfach.

Einmal eingerichtet analysiert Google Analytics ständig die WebSite und zeigt an, wie das Benutzerverhalten auf der WebSite ist.

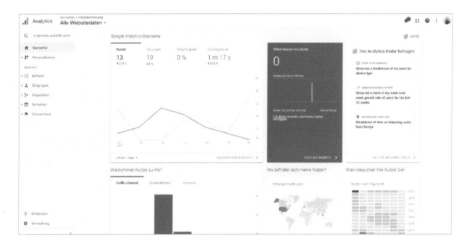

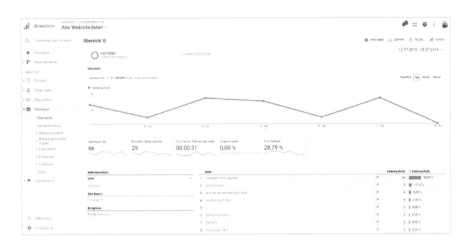

Mit ein bisschen Einarbeitung findet man sich schnell zurecht und anhand der Ergebnisse sieht man sofort, wie man die eigene WebSite weiter optimieren kann.

Onlinebuchung

Sicherlich sind Sie sich gewohnt, dass Sie für einen Arzttermin Ihren Arzt anrufen, von einer freundlichen Empfangsdame am Telefon begrüsst werden und einen Termin vereinbaren können. In Ihrer eigenen Praxis steht Ihnen aber dieser Service kaum zur Verfügung und während Sie am betreuen Ihrer Kunden sind, können andere Kunden Sie nicht erreichen und Termine vereinbaren. Daher ist es sinnvoll, wenn Sie es Ihren Kunden ermöglichen, Termine direkt über Ihre WebSite einzutragen. Dies hat den weiteren Servicevorteil, dass Kunden auch ausserhalb Ihrer Arbeitszeiten, am Abend und am Wochenende mit Ihnen Termine vereinbaren können.

Eine der führenden Plattformen in diesem Bereich ist terminland.de.

Sicherlich deshalb, weil die Plattform nicht nur sehr flexibel ist, sondern auch äusserst preisgünstig. In wenigen Minuten haben Sie einen kompletten Terminplaner erstellt und können diesen mit wenigen Mausklicks in Ihrer eigenen WebSite einbinden.

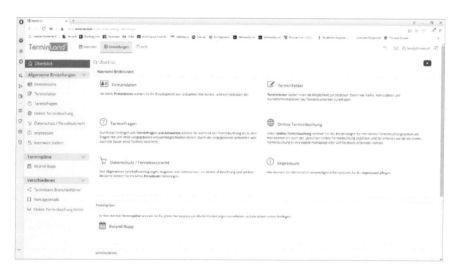

Dabei können Sie nicht nur die Farben und das Erscheinungsbild frei bestimmen, sondern auch individuelle Angebote oder wenn Sie mit anderen Praxispartner/innen zusammenarbeiten auch verschiedene Terminpläne verwalten.

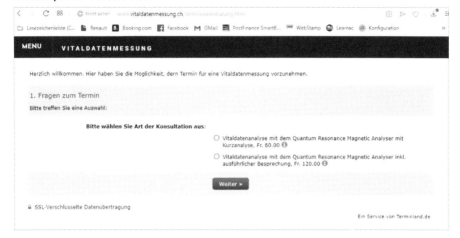

Localsearch

Mit Localsearch MyPresence haben Sie die Möglichkeit, Ihre Firmendaten auf mehr als 25 Online-Diensten (z.B. Google, Facebook, Bing, u.v.m) immer konsistent und aktuell sind. Manuelles Abgleichen fällt so weg, und Sie sparen Zeit dank der zentralen Aktualisierung Ihrer Daten. Damit Ihr Geschäft überall dort zu finden ist, wo Kunden Sie online suchen.
Die Kostens sind zwar mit Fr. 75.—/Monat recht hoch, aber man spart damit nicht nur viel Zeit, sondern hat vor allem die Gewähr, dass die Daten immer und überall aktuell sind und man gefunden wird.

Ist Ihre Firma in diesen Verzeichnissen korrekt eingetragen?

Google Search	Google Maps	Foursquare	Facebook	infobel
Yelp	Navmii	bing	Yalwa	Stadtbranchen...
iGlobal	Unternehmens...	Business Branc...	Where To?	Tupalo
Koomio	Öffnungszeiten...	abclocal	Hotfrog	Pages24
Yellbo	Brownbook	Guidelocal	jelloo	Waze

Mit einem einfachen Klick auf „Check" können Sie schnell und einfach überprüfen, ob Ihre Daten aktuell sind.

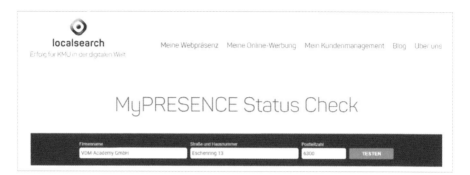

Sofort erscheint eine Liste und Sie sehen sofort, auf welchen Plattformen Sie noch nicht präsent sind.

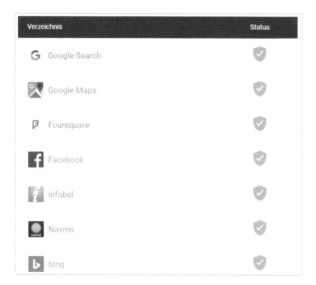

Facebook und andere Socialmedia Accounts

Obwohl im therapeutischen Bereich aktuell sicherlich die WebSite noch einen höheren Stellenwert als Socialmedia Accounts hat, so darf man diese doch nicht ausser Acht lassen. Nicht nur, weil es ja durchaus sein kann, dass ein zukünftiger Kunde Sie über diesen Kanal findet, sondern auch weil Ihre WebSite mit Verknüpfungen zu anderen SocialMedia Kanälen bei Google und anderen Suchmaschinen ein höheres Rating erhält.

Aus diesem Grund sollten Sie zumindest auf Facebook, Xing und Instagram als die aktuell wohl führenden Socialmedia Plattformen präsent sein.

Die Erstellung eines solchen Socialmedia Accounts auf der entsprechenden Plattform ist denkbar einfach und komplett menugeführt. Es genügt, auf die jeweilige Plattform zu gehen und dort auf „Sign in" respektive „registrieren" zu klicken und danach den Anweisungen zu folgen.

Zeitungswerbung

Wir leben zwar im digitalen Zeitalter, aber trotzdem sollte man Werbung in der Zeitung nicht ausser Acht lassen. Ein guter Marketing-Mix hat stets auch Zeitungspräsenz integriert, denn auch wenn Sie vielleicht komplett digital unterwegs sind, so ist es nicht ausgeschlossen, dass Ihre potenziellen Kunden dies nicht sind und ohne Präsenz in der Zeitung würden Sie diese nie erreichen. Schauen Sie vor allem, dass Sie es auch schaffen, zur Eröffnung Ihrer neuen Praxis einen Presseartikel in der Zeitung zu erhalten.

Tipp:
In regelmässig erscheinenden Zeitungen wie etwa dem Amtsblatt, Barni Post o.ä. genügt es völlig, wenn Sie einmal pro Monat präsent sind, ganz nach dem Motto „steter Tropfen höhlt den Stein".

Da genügt sogar ein kleines 1/8 grosses Inserat.

Autobeschriftung

Eine der besten und gleichzeitig auch günstigsten Werbemöglichkeiten ist Ihr Auto. Sie erreichen damit nicht nur regional eine grosse Präsenz, sondern sind (wenn Sie das Auto öfter nutzen) auch überregional präsent.

Bitte machen Sie bei der Autobeschriftung aber nicht den Fehler, dass Sie davon ausgehen, dass man Sie schon kennt und schreiben Sie nur Ihre Telefonnummer, der Name Ihrer Praxis oder die Webadresse auf das Fahrzeug. Niemand im Strassenverkehr, der Sie nicht kennt (und für diese Leute ist ja die Werbung gedacht) geht im Internet herausfinden, wer hinter einer Webadresse steckt.

Deshalb zwei Tipps:

1. Schreiben Sie genau, was Sie machen oder warum man zu Ihnen kommen soll.
2. Machen Sie eine kleine Landingpage mit einem einprägsamen Namen

Mit diesen beiden einfachen Tipps, wird die Autobeschriftung ein Erfolg.

Visitenkarten, Flyer, Preisliste

Unterschätzen Sie nicht die Wichtigkeit von Werbemitteln. Angefangen bei Ihrer Visitenkarte. Tagtäglich kommen Sie mit vielen Personen in Kontakt. Verteilen Sie also ruhig grosszügig Visitenkarten, denn diese werden oftmals auch weitergegeben.
Heute kann man Visitenkarten sehr kostengünstig z.B. bei Wir-machen-druck.ch, vistaprint.ch oder Flyerline.ch erstellen lassen.
Ebenso ist es zu empfehlen, einen kleinen Flyer (Format Din A6-Lang) zu erstellen mit den Preisen darauf, so dass man stets das gesamte Angebot präsent hat und abgeben kann.

Briefkopf

Auch im digitalen Zeitalter benötigt es einen sauberen Briefkopf mit einem passenden Firmenlogo und allen Kontaktdaten. Firmen wie z.B. Logomaid.com bieten Ihnen den Service an, dass Sie Ihr eigenes Firmenlogo als auch den Briefkopf professionell gestaltet direkt alles aus einer Hand erhalten.

Stempel

Gesetzlich gesehen gibt es keine Pflicht, dass man als Firma einen Stempel benötigt. Aber auch wenn dies so ist, so empfiehlt es sich doch, einen Firmenstempel zu machen. Der Grund dafür sind Behörden, aber auch private Firmen wie zum Beispiel Herausgeber von Benzin- und Kreditkarten, welche auf dem Antrag einen Firmenstempel verlangen. Ohne diesen Stempel kann es auch schon mal passieren, dass ein Formular mal nicht akzeptiert wird. Firmenstempel sind schnell erstellt und können heute in so manchen Shops in Einkaufscentren, aber auch bei der Post direkt bestellt werden.

Auf www.onlinestemepel.ch kann man auch Stempel bestellen, welche bereits am nachfolgenden Tag geliefert werden.

Guerilliamarketing

Zu Beginn steht kaum ein grosses Werbebudget zur Verfügung und so empfiehlt es sich, Guerilliamarketing zu betreiben. Dies tönt zwar sehr militärisch, ist es aber keinesfalls. Im Marketing versteht man unter Guerilliamarketing Werbeaktivitäten, welche nichts kosten und meist auf bestehenden Möglichkeiten aufsetzen.

Einige Beispiele dazu sind:

- Beantwortung von Fragen in Blogs und in Facebookgruppen. Dies ist keinesfalls dasselbe wie das Erstellen eigener Posts, da man damit nur eigene bestehende Personen erreicht, beim Beantworten von Fragen Gruppen aber wesentlich mehr Personen den Eintrag sehen.
- Kleininserate an Pinnwänden in Läden, Einkaufscentren etc.
- Flyer in die Briefkästen der näheren Umgebung verteilen
- Gutscheine mit Rabatten

Wer sich näher mit Guerilliamarketing beschäftigen möchte, findet im Buchladen viel Fachliteratur zu diesem Thema.

Networking

Networking ist das A und O, wenn es darum geht, bekannter zu werden. Dabei gibt es zwei Arten von Networkmarketing.

So gibt es direkte Networkmarketinganlässe wie diese z.b. von XING regelmässig gemacht werden, von BNI oder auch diverse andere Unternehmertreffen. Bei diesen Treffen geht es nicht nur darum, im Netzwerk selber neue Leute kennen zu lernen, sondern vor allem darum, dass diese Leute allenfalls das Geschäft Ihren Bekannten und Kunden weiterempfehlen. Man nennt dies auch „Die Zielgruppe hinter der Zielgruppe". Zur Verdeutlichung: Wenn Sie an einem solchen Anlass nur mit 10 Leuten reden, einen guten Eindruck machen und Ihre Visitenkarte und allenfalls einen kleinen Flyer abgeben können, so ist dies ein Potenzial von ca. 100 qualifizierten Kontakten, denn jeder echte Networker kennt genügend Personen, um Sie sicher 10x zu empfehlen. Und Empfehlungen von Networkern sind sehr hoch zu bewerten.

Andererseits gibt es die Möglichkeit, sich auf Netzwerkplattformen einzutragen. Hier sind im therapeutischen Bereich vor allem die 2 Plattformen gesund.ch sowie coachfrog.ch zu nennen. Eine Präsenz in diesen 2 Netzwerken ist fast ein MUST und bringt sicherlich auch selber mehr Traffic auf der eigenen verlinkten WebSite und mittel- und langfristig auch Kunden.

Gutscheine

In Europa sind Gutscheine bei weitem nicht so verbreitet, wie etwa in den USA; wo das Couponing teilweise eine wahre Wissenschaft ist. Allenfalls kennt man hierzuladen Coupons von Carrefour.

Aber auch in der Schweiz gibt es Gutscheinplattformen wie etwa https://gutscheine.20min.ch/

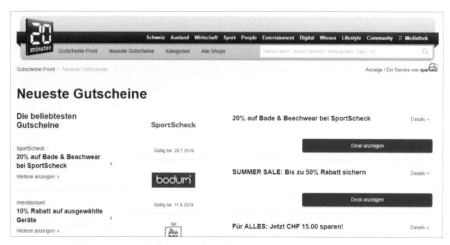

Wenn man das EKS Modell kennt (Zielgruppe, Wissensinteressent, Kaufinteressent, Erstkunde, Stammkunde, Empfehler) so kann man Gutscheine gezielt in 2 Bereichen einsetzen: Beim Kaufinteressenten, damit dieser noch das letzte Argument bekommt, um Erstkunde zu werden und beim Versand von Rechnungen als Goodie und Anreiz für eine nächste Bestellung, so dass aus Erstkunden Stammkunden und aus Stammkunden Empfehler werden.

Verbandsmitgliedschaften

Verbandsmitgliedschaften zählen ebenfalls in die Kategorie von Netzwerken, haben aber noch viele weitere Vorteile wie etwa Unterstützung in vielen Bereichen, Weiterbildung aber teilweise auch politische Unterstützung.

Praktisch für jede Therapieart gibt es heute Fachverbände. Da diese teilweise auch recht kostenintensiv sind, sollte man sich hier einfach bei demjenigen Fachverband als Mitglied anmelden, welcher die eigene Haupttätigkeit am besten unterstützt. Zusätzlich würde ich auf jeden Fall die Mitgliedschaft im Schweizerischen KMU Verband empfehlen, da dieser nicht nur weitere Werbemöglichkeiten bietet, sondern auch auf höchster politischer Ebene aktiv ist und die Interessen Schweizer KMU wahrt.

Terminplan

Wer bis zu diesem Punkt das Buch durchgearbeitet hat, steht nun am Punkt, die eigene Praxis auch zu gründen. Obwohl man eine einfache Gesellschaft ganz ohne Handelsregistereintrag gründen kann, würde ich auf jeden Fall empfehlen, die eigene Praxis dort einzutragen. Auch dies wirkt nicht nur professioneller, sondern kann es Ihnen einfacher ermöglichen, bei anderen Firmen Waren günstiger einzukaufen und Sonderkonditionen zu erhalten, da so mancher Betrieb einen HR Auszug verlangt.

Gründung

Auf www.easygov.swiss kann man die eigene Firma in etwa 20 Minuten online gründen und die Gebühren sind je nach gewählter Rechtsform zwischen Fr. 60.— und Fr. 120.—.
Dieses Portal wird vom Staatssekretariat für Wirtschaft SECO betrieben und führt den Anwender Schritt für Schritt durch den ganzen Anmeldeprozess.

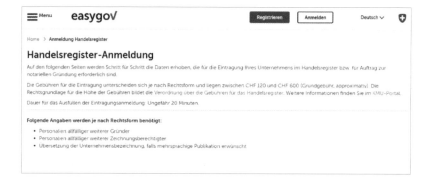

Weiterbildung

Sicherlich ist Ihr Wunsch für eine eigene Praxis entstanden, nachdem Sie bereits für die eine oder andere therapeutische Tätigkeit eine Ausbildung gemacht haben. Weiterbildung ist gerade in diesem Bereich extrem wichtig und das Ziel sollte sein, dass Sie sich in möglichst vielen Bereichen Kenntnisse aneignen, denn ein wesentlicher Punkt der Naturheilkunde ist die ganzheitliche Sichtweise auf den Körper und der Einsatz allenfalls verschiedener möglicher therapeutischer Ansätze.

In der Naturheilkunde gibt es unter anderem folgende Bereiche:

- TEN
- Vitalstoffe
- Wasser
- Ernährungslehre
- Heilpflanzen
- Homöopathie
- TCM
- Ayurveda
- Hypnosetherapie
- Kinesiologie
- Aromatherapie
- Mykotherapie
- Bioresonanz
- Viren, Würmer, Parasiten und deren Beseitigung
- Reduktion von Stress und Elektrosmog

Naturheilkunde

Das Ziel sollte also unbedingt sind, dass Sie in möglichst vielen dieser Bereiche gewisse Grundkenntnisse haben. Das heisst keinesfalls, dass Sie eine Ausbildung in all diesen Bereichen haben müssen, aber je mehr Kenntnisse Sie sich in den einzelnen Bereichen aneignen, umso mehr Möglichkeiten werden Sie bei Ihren therapeutischen Tätigkeiten haben.

Natürlich wäre es optimal, wenn Sie einen kompletten Naturheilkunde-lehrgang absolvieren würden, welcher all diese Themen abdeckt, aber meist sind diese sehr kosten- und zeitintensiv. Es gibt aber bereits Bestrebungen, einen solchen Kurs komplett als Fernkurs zu absolvieren, so dass man eine freie Zeiteinteilung hat und auch finanziell nicht eine so grosse Last zu tragen hat.

Man kann sich aber auch sehr gut Wissen in den einzelnen Themen aneignen durch die Lektüre von Büchern in diesen Themengebieten oder dem Besuch von spezifischen Kursen und Workshops.

QRMA Grundkurs

Die Quantenresonanz Magnet Analyse ist meines Erachtens eine der besten Methoden, um ganz schnell eine möglichst komplette IST-Analyse des Körpers zu erhalten. Mit dieser Analyseart können in nur 90 Sekunden über 240 Elemente des Körpers gemessen werden und Mängel (z.B. bei den Vitaminen und Spurenelementen) oder Überbelastungen (Blei, Quecksilber, Aluminium, Elastizität der Herzkranzgefässe etc.) werden sofort sichtbar. Zusammen mit einer guten Anamnese ist dies das ideale Werkzeug, um eine gute Basis zu erhalten und gemeinsam mit dem Kunden therapeutische Massnahmen zu besprechen.

Solche Quanten Resonanz Magnetic Analyser sind auch nicht teuer und kosten rund Fr. 250.—. Ich würde aber auf jeden Fall empfehlen, einen Kurs in dieser Analyseart zu absolvieren, denn egal wie viel Erfahrung man in der Naturheilkunde hat, es wird kaum jemand die 270 Parameter ohne eine Schulung wirklich umfassend interpretieren können.
Eine solche Schulung dauert gerade mal einen Tag und kostet rund Fr. 290.—
Es gibt auch einen kompletten Lehrgang Quanten Resonanz Magnet Analyse, welchen man online absolvieren kann.

Link:
http://www.vdm-academy.ch

Zapping

Wenn man weiss, dass 70% aller Krankheiten im Darm Ihren Ursprung haben, sollte schnell klar werden, dass man Magen, Dünndarm und Dickdarm besondere Aufmerksamkeit schenken sollte. Nebst der Peristaltik und Absorption sollte man vor allem auf Viren, Würmer und Parasiten schauen. Eine der effektivsten therapeutischen Massnahmen um diese Patogene zu bekämpfen ist das Zappen nach Dr. Hulda Clark, welches die Weiterentwicklung der Bioresonanztherapie nach Morell ist. Bereits 1993 hat Dr. Hulda Clark nach detaillierten Versuchen die Methode des Zappens beschrieben und eine genaue Anleitung dazu verfasst.

Heute ist Zappen nach Dr. Hulda Clark wohl eine der effektivsten Massnahmen gegen Viren, Würmer und Parasiten und ein Zapper sollte eigentlich in keinem Haushalt fehlen. Da ein solcher Zapper sehr preisgünstig ist und weniger als Fr. 150.— kostet, sollte er in keinem Therapieplan fehlen, wenn die Annahme gemacht werden muss, dass ein möglicher Viren-, Wurm- oder Parasitenbefall vorhanden ist.
Ergänzt wird das Zapping meist mit einer Parasitenkur, welche unter anderem aus L-Arginin, L-Ornitin, Schwarzwahlnuss und Nelken besteht. Das Zappen ist schnell erlernt und eine optimale Ergänzung anderer therapeutischer Tätigkeiten.

Biotransmitter

Während der Quanten Resonance Magnetic Analyser ein reines Analysegerät ist, ist der VDM Biotransmitter ein echtes Bioresonanz Therapiegerät. Mit über 4000 eingebauten Programmen und einem Hochleistungs- Hochfrequenz Transmitter steht dieses handliche Gerät in nichts den grossen Bioresonanzgeräten, welche meist mehr als Fr. 20'000.— kosten nach. Mit einem Preis von gerade mal Fr. 2500.— ist dieses Gerät aber für jede therapeutisch tätige Person erschwinglich und auch sehr schnell amortisiert. Vor allem aber kann man eine der effektivsten Therapien damit im eigenen Therapieprogramm anbieten. Das Gerät ist zwar sehr einfach zu bedienen, aber um das Maximum damit zu erreichen, empfiehlt sich auch hier ein Kurs.

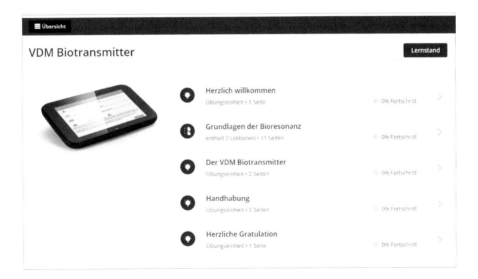

Glücklicherweise ist im Lieferumfang des VDM-Biotransmitters nicht nur ein umfangreiches Handbuch mit zahlreichen Tabellen und Referenzen zum Quanten Resonanz Magnetic Analyser, sondern es gibt auch einen kompletten Fernkurs mit vielen Videosequenzen zur Erlernung der Bedienung des Gerätes.

Im Kurs integriert sind auch viele weitere Informationen zum Thema Bioresonanz so dass Sie eine optimale Grundlage haben, um den VDM-Biotransmitter optimal einsetzen können.

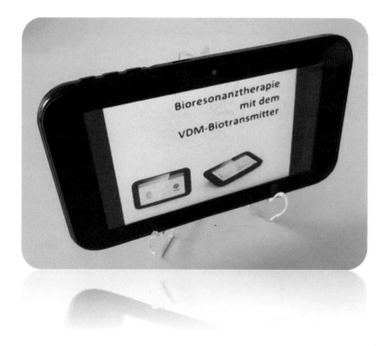

Aktionsplan (was wann wie nächste 12 Monate)

Ist die Firma erst einmal gegründet, ein Standort gefunden, die Firmenunterlagen (Logo, Briefkopf, Flyer etc.) bereit, so sollten Sie unbedingt einen Aktionsplan machen, was Sie in den nächsten 12 Monaten alles vorhaben und erreichen wollen. Ein wichtiger Leitsatz ist „Arbeitest du in deiner Firma oder an deiner Firma". Vielfach ist es so, dass das Tagesgeschäft so intensiv ist, dass man kaum noch die eigentlich dafür sinnvoll benötigte Zeit hat, um weitere Aktionen zu planen und umzusetzen.

Aus diesem Grund sollte man einen Aktionsplan machen, welcher auch recht rudimentär sein kann und lediglich 3 Spalten hat:

Was	Wann	Wie
Praxiseröffnung	9.11.2019	

In diesen Plan können danach alle Ideen eingefügt werden und man kann den Detaillierungsgrad ja laufend erhöhen.

Praxiseröffnung

Die Praxiseröffnung ist der erste grosse Anlass und diesen sollten Sie nicht nur gebührend feiern, sondern auch gleich nutzen um möglichst viele Neukunden zu akquirieren. Bei der Eröffnung müssen keinesfalls nur Friends & Family anwesend sein (diese kommen hoffentlich sowieso bei Bedarf zu Ihnen), sondern Sie können gleich einen „Tag der offenen Türe" machen und vielleicht sogar einen kleinen Vortrag einbauen.

Eine Praxiseröffnung kann im Aktionsplan dann schnell 10-20 Punkte haben.

Was	Wann	Wie
Datum Praxiseröffnung festlegen	9.11.2019	
„Programm" festlegen		
Kurzvortrag Thema festlegen		
Einladungen per Mail, FB, WhatsApp		
Blumenschmuck		
Essen und Getränke		
Kontrolle, dass genügend Flyer & Visitenkarten da sind		
Presseinformation an Amtsblatt, Barnipost, Zugerzeitung etc.		
Regelmässige Posts in FB, Xing, Instagram etc.		

Nehmen Sie sich genügend Zeit zur Planung der Praxiseröffnung und machen Sie einen wirklich grossen Auftritt daraus, denn dies ist die beste Möglichkeit, neue Kunden zu generieren.

Finanzplanung

Natürlich braucht es für die Eröffnung einer eigenen Praxis auch eine solide und realistische Finanzplanung. Dabei ist es aber nicht notwendig, dass Sie deswegen gleich ein Buchhaltungsstudium absolvieren müssen. Lediglich die Grundlagen der Buchhaltung, also die Einnahmen- und Ausgabenplanung und das Erstellen eines Businessplanes ist notwendig. Während dem Erstellen des Businessplanes werden automatisch Dinge wie Investitionen, Fixkosten, variable Kosten, Gründungs- und Markteinführungskosten sowie die Liquiditätsplanung angegangen und fliessen so in die gesamte Planung ein, ohne dass Sie nun im Detail bereits alles verstehen müssen.

Ein Businessplan macht man übrigens keineswegs nur, wenn man allenfalls einen Kredit aufnehmen möchte. Ein solider Businessplan hilft Ihnen in den ersten Jahren, damit Sie stets Ihre Finanzen im Auge und Griff haben und allenfalls nötige Korrekten vornehmen können, wenn es zu grösseren Abweichungen kommen sollte.

Dieses Kapitel soll Ihnen helfen, Schritt für Schritt einen soliden Businessplan zu erstellen.

Es gibt viele Wege, wie man eine Businessplanung beginnen soll. Ich mache es stets chronologisch, also der Reihe nach wann man wofür Geld ausgeben muss und später auch Einnahmen erzielt.

Errechnung des benötigten Kapitals von der Gründung der Firma bis zum Tag der Eröffnung

Damit man starten kann, benötigt es zuerst einmal Geschäftsräume, Mobiliar und die entsprechenden «Werkzeuge» wie Computer, Therapiegeräte etc. Damit man diese aber überhaupt kaufen oder Verträge abschliessen kann, sollte die Firma auch bereits gegründet sein. Die so genannten «Gründungskosten können sehr unterschiedlich ausfallen, je nachdem welche Ziele man sich für die eigene Praxis steckt. Da die meisten therapeutisch tätigen Personen keine Mitarbeiter/innen beschäftigen, gehen wir auch hier davon aus, dass es sich um eine «einfache» Gesellschaft nach Art. 530 im Schweizerischen Obligationenrecht handelt.

Der Eintrag der Firma im Handelsregister ist zwar nicht obligatorisch, aber sehr zu empfehlen. Erst ab einem Umsatz von Fr. 100'000.— ist ein Eintrag obligatorisch. Ab einem Gewinn von Fr. 2300.— pro Jahr muss man sich auch bei der AHV anmelden. Die Kosten sind aber minimal.
So kostet die Beglaubigung der Unterschrift rund Fr. 20.— (kann auf jeder Post gemacht werden) und die Gebühren für den Eintrag betragen je nach Kanton zwischen Fr. 200.— und Fr. 300.—
Die Gründung Ihrer Einzelfirma können Sie auch ganz bequem online machen. So bietet zum Beispiel www.startups.ch die Onlinegründung bereits ab Fr. 199.— an. Im Idealfall (wenn man über die Plattform auch noch Versicherungen, Mobileabo etc.) abschliesst, sind die Gründungskosten sogar kostenlos und man muss nur die eigentlichen Handelsregisterkosten bezahlen.

Aus diesem Grund ist es zu empfehlen, dass man für die kompletten Gründungskosten einer einfachen Gesellschaft Fr. 500.— veranschlagt.

Natürlich kann die Finanzplanung völlig unterschiedlich ausfallen, je nachdem, welche Ziele man hat, wie gross die Praxis werden soll oder welche Eigenleistungen (z.B. WebSite selber erstellen, Prospekte selber gestalten etc.) man erbringt.

Deshalb hier ein Minimumbeispiel:

Einmalig		
Gründungskosten	CHF	500.00
Markteinführungskosten		
Firmenlogo, CI, Visitenkarten	CHF	100.00
Drucksachen (Flyer, Preisliste, Broschüre)	CHF	200.00
Webseite	CHF	200.00
Planzen, Bilder	CHF	100.00
Möbel	CHF	3'000.00
Computer, Drucker, Kopierer	CHF	3'000.00
Therapieliege, Stühle	CHF	2'000.00
Therapiegeräte	CHF	4'000.00
Werbung	CHF	1'000.00
Kosten Eröffnungsfeier	CHF	1'000.00
Kosten Total	CHF	14'600.00

Ausgaben (wiederkehrend) auf den Monat berechnet		
Miete	CHF	1'000.00
Nebenkosten (Strom, Wasser, Heizung)	CHF	200.00
Personalkosten	CHF	5'000.00
Reinigungskosten	CHF	200.00
Finanzierungskosten (Gebühren, Zinsen)		
Leasingkosten	CHF	300.00
Versicherungen	CHF	200.00
Werbung (Internet, Inserate)	CHF	300.00
Sonstige Praxiskosten	CHF	400.00
Hilfsmittel & Verbrauchsmaterial	CHF	100.00
Abo Zeitschriften	CHF	20.00
Telefon, Internet	CHF	200.00
Benzin	CHF	100.00
Mitgliedschaften	CHF	50.00
Fortbildung	CHF	300.00
Büromaterial	CHF	100.00
Abschreibungen	CHF	300.00
Kosten pro Monat Total	CHF	8'770.00

Diese Tabelle ist natürlich sehr rudimentär und sollte bei Ihrer Planung ganz genau berechnet werden. Machen Sie es sich nicht zu einfach und füllen Sie einfach Beträge ein, sondern gehen Sie wirklich durch jede Position, schauen Sie, was Sie die Versicherung, der Möbel und Therapiegeräteeinkauf etc. wirklich kostet. Sie machen sich dadurch das ganze Vorhaben nicht schwerer, weil es mehr Aufwand ist, sondern leichter, weil Sie eine gewisse Planungssicherheit haben und genau wissen, was auf Sie zukommt.

So könnte die Position «Therapiegeräte» eine Auflistung sein, welche Geräte Sie sich wirklich zu Beginn anschaffen wollen:

Therapiegeräte

Quanten Resonanz Magnetic Analyser 226nw	CHF	250.00
Zapper für Viren, Parasitenbeseitigung	CHF	200.00
LaserDevice für Gefässe, Tinitus, Allergien	CHF	890.00
Biotransmitter zu Bioresonanzbehandlung	CHF	2'500.00
Biomagnetfeldmatte	CHF	398.00
Total	CHF	4'238.00

Wenn die Tabelle einmal so steht, können Sie diese auch erweitern und so die Ausgaben für das 1., 2. Und 3. Geschäftsjahr direkt gegenüberstellen. Die meisten Ausgaben werden gleich hoch bleiben. Lediglich bei Ihrem Gehalt können Sie ja (je nach Erfolg) etwas höher gehen.

	1. Jahr		2. Jahr		3. Jahr	
Ausgaben (wiederkehrend) auf den Monat berechnet	Ausgaben	Einnahmen	Ausgaben	Einnahmen	Ausgaben	Einnahmen
Miete	CHF 12'000.00		CHF 12'000.00		CHF 12'000.00	
Nebenkosten (Strom, Wasser, Heizung)	CHF 2'400.00		CHF 2'400.00		CHF 2'400.00	
Personalkosten	CHF 60'000.00		CHF 70'000.00		CHF 80'000.00	
Reinigungskosten	CHF 2'400.00		CHF 2'400.00		CHF 2'400.00	
Finanzierungskosten (Gebühren, Zinsen)			CHF -		CHF -	
Leasingkosten	CHF 3'600.00		CHF 3'600.00		CHF 3'600.00	
Versicherungen	CHF 2'400.00		CHF 2'400.00		CHF 2'400.00	
Werbung (Internet, Inserate)	CHF 3'600.00		CHF 3'600.00		CHF 3'600.00	
Sonstige Praxiskosten	CHF 4'800.00		CHF 4'800.00		CHF 4'800.00	
Hilfsmittel & Verbrauchsmaterial	CHF 1'200.00		CHF 1'200.00		CHF 1'200.00	
Abo Zeitschriften	CHF 240.00		CHF 240.00		CHF 240.00	
Telefon, Internet	CHF 2'400.00		CHF 2'400.00		CHF 2'400.00	
Benzin	CHF 1'200.00		CHF 1'200.00		CHF 1'200.00	
Mitgliedschaften	CHF 600.00		CHF 600.00		CHF 600.00	
Fortbildung	CHF 3'600.00		CHF 3'600.00		CHF 3'600.00	
Büromaterial	CHF 1'200.00		CHF 1'200.00		CHF 1'200.00	
Abschreibungen	CHF 3'600.00		CHF 3'600.00		CHF 3'600.00	
Kosten pro Monat Total	CHF 105'240.00		CHF 115'240.00		CHF 125'240.00	

In der Tabelle wurde bewusst auf Kosten für Buchführung, Steuerberatung etc. verzichtet. Natürlich könnte man hier auch noch einen Wert von Fr. 200.— / Monat resp. 2400.— pro Jahr einsetzen. In diesem Beispiel wurden diese in «Übrige Praxiskosten» einberechnet.

Wie Sie sicher bemerkt haben, ist der grösste Ausgabenpunkt die Personalkosten. Dies ganz einfach deswegen, da Sie ja von etwas leben müssen und auch Geld verdienen müssen, wenn Sie einmal Urlaub machen. Ebenso kommen nun natürlich auch höhere Sozialkosten, BVG etc. hinzu. Da man sich nicht zu viel Lohn bezahlen sollte, haben wir hier bescheiden mit Fr. 5000.—pro Monat gerechnet.
Statt hier aber einfach nur einzutragen, wieviel man gerne jeden Monat verdienen möchte, sollten Sie ganz einfach eine Tabelle erstellen um Ihre privaten Lebenskosten zu berechnen und anhand dieser den Lohn eintragen.

Eine solche Tabelle könnte so aussehen:

Lebenshaltungskosten

Essen, Trinken	CHF 800.00
Kleidung	CHF 200.00
Miete	CHF 1'800.00
Nebenkosten (Strom, Wasser, Gas)	CHF 200.00
Reparaturkosten, Neuanschaffungen	CHF 200.00
Möbel und Einrichtung	CHF 200.00
Krankenkasse	CHF 480.00
Versicherungen	CHF 250.00
Kreditkosten, Zinsen	CHF -
Leasingkosten	CHF 230.00
Telefon, TV, Internet	CHF 80.00
Rücklagen	CHF 560.00
Total	CHF 5'000.00

Da wir aus den Zahlen nun erkennen, dass wir monatliche Kosten von Fr. 8770.— haben, geht es nun daran, die (möglichen) Einnahmen zu berechnen. Denn nur wenn die Einnahmen höher sind als die Ausgaben, kann die eigene Praxis erfolgreich in die Realität umgesetzt werden. Ist dies nicht der Fall, muss man nochmals über die Ausgaben und schauen, wo man noch einsparen kann.

Aus über 20 Jahren Erfahrung in der Unternehmensberatung, rate ich Ihnen AUF KEINEN FALL dazu, zu blauäugig mit einer eigenen Praxis zu starten und basierend auf der reinen Annahme, dass Sie im 1. Geschäftsjahr ein Defizit erwirtschaften, im 2. Jahr Break-Even sind und erst im 3. Jahr in die Gewinnzone kommen Ihre Pensionskasse auszahlen zu lassen und so quasi eine «Reserve» haben um ein Defizit ausgleichen zu können. Denn mit einem solchen «Polster» im Rücken kann es schnell passieren, dass Sie nicht zwingende Investitionen vorzeitig machen, nicht genügend ins Marketing investieren und so über einen längeren Zeitraum mehr Ausgaben als Einnahmen haben und dann ist auch die schönste Reserve bald aufgebraucht.

Machen Sie eine realistische und konservative Einnahmenplanung, wie es nach 3 Monaten aussieht. In den ersten 3 Monaten ihrer Geschäftstätigkeit wird Ihre Aufgabe hauptsächlich sein, einen Bekanntheitsgrad aufzubauen und Neukundenakquise zu machen. Bis die ersten Termine dann zu Stande kommen und Sie eine regelmässige Kundschaft resp. regelmässig neue Kunden durch Weiterempfehlungen erhalten, dauert es mindestens 3 Monate. Allenfalls könnte man hier auch sogar mit 6 Monaten rechnen.
Dies bedeutet dann aber auch, dass Sie eine Reserve von mindestens 3x Fr. 8770.— = Fr. 26310.— resp. bei 6 Monaten Reserve gar Fr. 52'620.— auf der Seite haben. Dies nebst den Investitionskosten Fr. 14'600.—.

Einnahmenplanung

(Nach 3 Monaten)

Mindesteinnahmen pro Monat: CHF 8'770.00

Therapieangebote	Anzahl	Ansatz		Umsatz	
Erstmessungen Quantenresonanz (=Neukunden)	20	CHF	120.00	CHF	2'400.00
Folgemessungen Quantenresonanz (=Stammkunden)	40	CHF	60.00	CHF	2'400.00
Bioresonanztherapie					
Einnahmen durch Verkauf Nahrungsergänzungsmittel	20	CHF	50.00	CHF	1'000.00
Einnahmen durch Verkauf Ecaia Carafes	20	CHF	50.00	CHF	1'000.00
Einnahmen durch Verkauf Filter zu Ecaia Carafes	30	CHF	5.00	CHF	150.00
Einnahmen durch Verkauf VitaChip, Magnetsteine, Germanium etc.	1	CHF	500.00	CHF	500.00
Einnahmen durch Verkauf / Ausleihen Zapper	1	CHF	250.00	CHF	250.00
Einnahmen durch Ausleihen Laser Therapie Watch	20	CHF	8.00	CHF	160.00
Einnahmen durch Auslehen Bioresonanz Transmitter	20	CHF	40.00	CHF	800.00
Gesundheitsworkshop	1	CHF	150.00	CHF	150.00
Total				CHF	8'810.00

Differenz Einnahmen zu Ausgaben CHF 40.00

In diesem Beispiel sehen Sie, wie konservativ gerechnet werden kann. Bei 20 Arbeitstagen und jeden Tag ein neuer Kunde und zwei Stammkunden wäre dies eine effektive Therapieauslastung von 3 Stunden und es bestehen jeden Tag rund fünf Stunden Zeit, um aktiv Marketing (Internet, an Messen, Networking etc.) zu machen und Kundenakquisition zu betreiben. So sollte es möglich sein, dass man nach 3 Monaten jeden Monat 20 Neukunden hat. Da jeder Neukunde z.B. bei der Quantenresonanzanalyse noch mindestens 2-3 Mal kommt im Abstand von einem Monat und danach alle 4 oder 6 Monate, ist auch gewährleistet, dass man langfristig jeden Monat 40 Stammkunden hat. Mit der Zeit werden es dann automatisch auch mehr Stammkunden und es benötigt weniger Kundenakquisitionszeit.

Anhand dieser – wirklich rudimentären – Tabellen sehen Sie nun aber, was finanziell auf Sie zukommt und mit welchen Kosten Sie zu rechnen haben. beachten Sie bitte auch, dass wenn Sie nicht mindestens Fr. 40'000.— (Gründungskosten, Anschaffungen und erste 3 Monate) auf der Seite haben, Sie wohl einen Kredit aufnehmen müssen und dafür wiederum Zinsen zu bezahlen haben.

Wer einen noch ausführlicheren Businessplan erstellen möchte, findet entsprechende Businessplanvorlagen bei praktischer jeder Bankenwebsite, beim IFJ und vielen anderen Organisationen.

Eine sehr gute und wirklich praxisgerechte und ausführliches Unternehmensanalyseplanung, welche auf Microsoft Excel basiert und sehr einfach auszufüllen ist, findet man auch auf der WebSite des Schweizerischen KMU Verbandes.

Tagesgeschäft

Ist die eigene Praxis geplant, gegründet, eingerichtet und eröffnet, so beginnt das Tagesgeschäft. Schauen Sie unbedingt, dass Sie von Beginn weg strukturiert arbeiten und auch Zeit für administrative Arbeiten, Werbemassnahmen, Kundenakquisition und Weiterbildung fest einplanen und nicht nur sich vornehmen, dies zu machen.
In meiner Agenda sind für diese Dinge alle fixe Zeiten eingeplant.

Tägliche Arbeiten

Kundenbetreuung
Beantwortung von E-Mails
Präsenz auf Socialmediakanälen
Falls nötig Rechnungsstellung, Kontrolle von Zahlungseingängen
Kontrolle des Warenlagers

Wöchentliche Arbeiten

Planung von Aktionen
Mahnläufe

Monatliche Arbeiten

Buchhaltung aktualisieren

Quartalsweise Arbeiten

Bei MwSt Pflicht: MwSt Abrechnung

Jährliche Arbeiten

Steuererklärung

Patientenarbeit

Begrüssung

Da der Berufsstand des Naturheilpraktikers, aber auch jeder anderen therapeutisch tätigen Person verständlicherweise nicht mit der eines Arztes gleichgestellt ist - obwohl eigentlich all diese Berufssparten dasselbe Ziel, nämlich eine Verbesserung der Lebensqualität des Patienten haben – sollte man sich hier genau deshalb von einer herkömmlichen Arztpraxis unterscheiden.

Ich persönlich mache dies so extrem wie möglich, so dass ich zum Beispiel wenn immer es geht Kunden direkt an der Türe empfange und diese nicht einfach in die Praxis eintreten und im Wartebereich warten lasse. Alleine dies unterschiedet mich schon von anderen Arztpraxen.

Wasser geben

Einem Gast bietet man etwas zu trinken an und dies mache ich auch bei meinen Kunden. Auch hier unterscheide ich mich also von Arztpraxen. Oder bekommen Sie jeweils etwas zu trinken bei Ihrem Arzt? Zudem hat dies den Vorteil, dass die Kunden etwas entspannen können und es Ihnen alleine dadurch schon etwas besser geht.

Natürlich muss es nicht unbedingt Wasser sein. Ein paar Gurkenscheiben oder Zitrone drin und schon hat man nicht nur ein fruchtiges, sondern erst noch gesundes Getränk.

Patientendaten erfassen

Da auch alle therapeutisch tätigen Personen eine Sorgfalts- und Dokumentationspflicht haben, müssen natürlich auch entsprechende Patientendaten erfasst werden. Aus diesem Grund liegt stets bei jedem Besuch eines neuen Kunden ein leeres Patientenblatt bereit, welches es auszufüllen gilt. Hierauf sind aber nicht nur die üblichen Personalien einzutragen, sondern auch ein Kurzanamnesecheck mit 17 Fragen ist dort integriert.

Vorname und Nachname		
Strasse		
PLZ Ortschaft		
Telefon		

E-Mail		☐ Ich bin nicht schwanger
Grösse	cm	☐ Ich trage keinen Herzschrittmacher
Gewicht	kg	Visum:
Geb. Datum		

Wird bei Bedarf während einer Konsultation in der Praxis erfasst und eingetragen

Datum	Gewicht	Sauerstoffsättigung SpO2	Puls	systolisch (mm Hg)	diastolisch (mm Hg)

Vorderseite des Patientenblattes

Blutdrucktabelle

	systolisch	diastolisch
optimaler Blutdruck	< 120	< 80
normaler Blutdruck	< 130	< 85
hoch normaler Blutdruck	130-139	85-89
Milde Hypertonie	140-159	90-99
Mittlere Hypertonie	160-179	100-109
Schwere Hypertonie	>180	>110

Sauerstoffsättigung S$_p$O$_2$: 94-97%

Puls	Kinder	100/Minute
	Jugendliche	85/Minute
	Erwachsene	70/Minute
	Senioren	80/Minute

Bemerkungen:

Anamnese (Falls nicht bekannt, offen lassen)

Ja Nein
- ☐ ☐ Rauchen Sie?
- ☐ ☐ Haben Sie öfters stressige Situationen?
- ☐ ☐ Sind Sie oft müde, antriebslos?
- ☐ ☐ Schlafen Sie regelmässig mehr als 7 Stunden?
- ☐ ☐ Haben Sie Konzentrationsprobleme?
- ☐ ☐ Haben Sie Gedächtnisprobleme?
- ☐ ☐ Trinken mehr als 2 Mal/Woche Alkohol?
- ☐ ☐ Sind Sie aktuell in ärztlicher Behandlung?
- ☐ ☐ Hat jemand in Ihrer Familien Diabetes?
- ☐ ☐ Gab es in Ihrer Familie bereits einen Schlaganfall
- ☐ ☐ Gab es in Ihrer Familie bereits einen Herzinfarkt?
- ☐ ☐ Haben Sie Allergien?
- ☐ ☐ Nehmen Sie momentan Medikamente?
- ☐ ☐ Haben Sie Bluthochdruck?
- ☐ ☐ Ist Ihr Blutdruck eher zu niedrig?
- ☐ ☐ Sind Ihre Cholesterinwerte normal?
- ☐ ☐ Leiden Sie unter einer chronischen Erkrankung?

Wir oft treiben Sie Ausdauersport? (Min. 30 Minuten)
O So gut wie nie
O 1 Mal pro Woche
O Alle 2 Wochen 1 Mal
O Mindestens 2 Mal pro Woche

Rückseite des Patientenblattes

Dieser Kurzcheck gibt mir oftmals schon erste Hinweise (Stress etc.) auf die Lebensumstände.

Blutdruck und Blutsättigung messen

Den Blutdruck und Blutsauerstoff messe ich vor allem deshalb, weil dies der Kunde vom Arzt her schon kennt und mich so innerlich auf eine ähnliche Ebene stellt. Dadurch wird er auch viel ruhiger und vertraut mehr, denn ein Patient, welcher alles in Frage stellt, kann auch schon mal „sich selber und der eigenen Verbesserung seiner Lebensqualität im Wege stehen".

Auch hier habe ich mit Hilfe dieser zwei Informationen allenfalls schon wieder weitere Hinweise auf die aktuellen Lebensumstände.

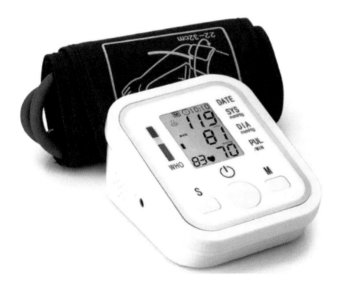

Test mit dem Quantenresonanz Analyser

Die Analyse mit dem Quanten Resonanz Magnet Analyser ist das Beste, was ich je auf dem Markt gesehen habe. Ich kenne kein anderes Gerät, welches in so kurzer Zeit so viele Messwerte eines Menschen eruieren kann. Und die Genauigkeit ist unglaublich. Ich habe in den vergangenen 12 Monaten über 400 Messungen gemacht. Dies ergibt insgesamt über 96'000 Datenpunkte und es gab nicht ein einziger Punkt, welcher nicht hätte erklärt werden können.

Für mich steht ausser Frage, dass vor jedem Patientengespräch und der gemeinsamen Festlegung eines Therapieplanes (falls nötig) eine solche Messung stattfindet. Schon oft habe ich durch die erhaltenen Messergebnisse andere Therapievarianten ausgearbeitet, da das Gerät noch andere, noch nicht vom Patienten genannte Probleme oder mögliche Beeinträchtigungen der Lebensqualität zu Tage förderte.

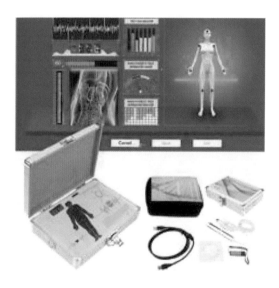

Testbesprechung

So einfach es ist, eine Messung mit dem Quanten Resonanz Analyser zu machen – ohne eine richtige Schulung ist es für eine therapeutisch tätige Person praktisch nicht möglich, alle Parameter genau zu kennen, korrekt zu interpretieren und vor allem die richtigen Schlüsse daraus zu ziehen und so eine möglichst effektive Therapieart herauszuarbeiten. Für mich steht es völlig ausser Frage, dass ein Quanten Resonanz Analyser nur nach dem Besuch eines Grundkurses, welcher dazu befähigt, eine Messung korrekt durchzuführen und einem Aufbaukurs, welcher die am häufigsten auftretenden Erkenntnisse aus einer Messung thematisiert in vollem Umfang genutzt und eingesetzt werden kann.

Bei mir dauert die Besprechung eines Texts beim ersten Mal eine volle Stunde. Danach weiss aber der Kunde ganz genau, welche gesundheitlichen Probleme aktuell vorliegen oder welche Probleme in naher oder ferner Zukunft auf ihn zukommen könnten. In den folgenden Sitzungen werden danach nur noch die Veränderungen zum vorherigen Mal besprochen und ein allenfalls vorhandener Therapieplan angepasst und eine Sitzung dauert nur noch 30 Minuten.

Mögliche Vorschläge unterbreiten

Aufgrund der Auswertung unterbreite ich dann stets dem Kunden entsprechende Vorschläge zur Verbesserung seiner Lebensqualität. Hier schaue ich ganz genau darauf, dass ich keine eigentlichen „Empfehlungen" und schon gar nicht „Heilversprechen" abgebe, denn dies ist therapeutisch tätigen Personen untersagt und ganz genau genommen dürfen diese auch nur mit „gesunden" Leuten arbeiten.

So etwas geht natürlich am besten mit einem Therapieplan. Je nach therapeutischer Tätigkeit, sieht dieser natürlich völlig unterschiedlich aus. Wer im Bereich Bewegung tätig ist, wird sicherlich eine Art Raster integrieren mit Datum, Uhrzeit, Art und Unterschrift während Therapeuten im Bereich Ernährungscoaching eher Tages und Wochenweise arbeiten.

Im Internet finden sich sehr viele Muster und das Beste ist es natürlich, für sich selber einen geeigneten "Therapieplan" zu generieren.

Es gibt übrigens auch fertige Therapiepläne als Block zu kaufen.

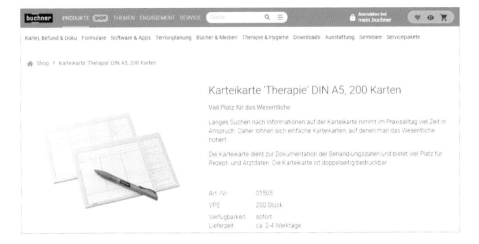

Quelle:

https://www.buchner.de/shop/karteikarte-therapie-01505.html

Verordnung zur Durchführung einer Erweiterten Ambulanten Physiotherapie (EAP) - EAP-Einrichtung -

Unfallversicherungsträger		Mit der Therapie darf erst begonnen werden, sobald die Kostenübernahme-Erklärung des UV-Trägers vorliegt.
Name, Vorname des Versicherten	Geburtsdatum	Diese Verordnung umfasst 2 Wochen. Zur Fortführung ist eine neue Verordnung des D-/H-Arztes notwendig. - Hinweis siehe Folgeseite -

Unfallbetrieb (Bezeichnung bzw. Name und Anschrift des Arbeitgebers, der Kindertageseinrichtung, der Schule oder Hochschule, des Pflegebedürftigen)

Vollständige Anschrift des Versicherten	Die Durchführung der EAP ist in folgender zugelassener Einrichtung vorgesehen:
Unfalltag	

Diagnose:

Verordnung:
- ☐ Krankengymnastik *
- ☐ Physikalische Therapie *
- ☐ Medizinische Trainingstherapie **

OP-Datum: Art der operativen Versorgung: Ggf. bekannte Vorschäden o. Erkrankungen:

Beigefügt ist: ☐ Entlassungsbericht

* : Isolierte Krankengymnastik oder Physikalische Therapie ist grundsätzlich mit dem Vordruck F 2400 zu verordnen
** : Die Medizinische Trainingstherapie kann innerhalb der EAP auch isoliert verordnet werden

Therapieziel: Steigerung von
☐ Beweglichkeit   ☐ Kraft   ☐ Koordination   ☐ Ausdauer
Ziel (Neutral-0-Methode):   Ziel: Ziel: Ziel:

☐ Andere (Art und Umfang angeben)
Ziel:

Therapiehinweise:
(Limitierung von Bewegung und Belastung, besondere Beachtung von)

Behandlungsbeginn:
☐ sofort   ☐ am (Datum):

Behandlungssequenz:
☐ 5 Tage/Woche   ☐ 4 Tage/Woche
                        ☐ 6 Tage/Woche

Arbeitsfähigkeit besteht während der EAP: ☐ nein
                                                  ☐ ja

Wiedervorstellung zur Kontrolluntersuchung bei mir am:
(spätestens 14 Tage nach Behandlungsbeginn)

Datum	Unterschrift des D-/H-Arztes	Stempel des D-/H-Arztes

Quelle:

https://www.physio.de/zulassung/EAP_Anforderungen.php

Capecitabin (500mg)   Capecitabin Tabletten 30 Minuten nach einer Mahlzeit mit reichlich Wasser einnehmen.

Bitte achten Sie genau auf den Einnahmeplan und kreuzen Sie jede Medikamenteneinnahme direkt nach der Einnahme an!

Uhrzeit	Montag, 5.3.	Dienstag, 6.3.	Mittwoch, 7.3.	Donnerstag, 8.3.	Freitag, 9.3.	Samstag, 10.3.	Sonntag, 11.3.
8:00 Uhr	3x Capecitabin	3x Capecitabin	3x Capecitabin	3x Capecitabin	3x Capecitabin	3x Capecitabin	3x Capecitabin
20:00 Uhr	3x Capecitabin	3x Capecitabin	3x Capecitabin	3x Capecitabin	3x Capecitabin	3x Capecitabin	3x Capecitabin
Befinden:							
Nebenwirkungen:	A B C D E	A B C D E	A B C D E	A B C D E	A B C D E	A B C D E	A B C D E

Quelle:

https://www.krebs-und-ich.de/beratung-service/einnahmeplan-oralia/

Therapieplan

Zu Beginn meiner Tätigkeit habe ich mit einfachen Patientenkarten im Format A5 gearbeitet. Mit der Zeit habe ich aber die Patientenkarten direkt in den Therapieplan integriert und diesen optimal auf meine Haupttätigkeit, die Quantenresonanz Magnet Analyse abgestimmt. So habe ich heute ein 4-Seitiges kombiniertes Patientenblatt mit integrierter Therapieempfehlung, welches sich ideal auf einem A3 Drucker als Broschüre ausdrucken lässt.

Patientenblatt / Therapieplanung

Vorname und Nachname	
Strasse	
PLZ Ortschaft	
Telefon	

Geschlecht	☐ männlich ☐ weiblich		☐ Ich bin nicht schwanger
E-Mail			☐ Ich trage keinen Herzschrittmacher
Grösse	cm		Visum:
Gewicht	kg		
Geb. Datum			

Anamnese (Falls nicht bekannt, leer lassen)

Ja	Nein				
☐	☐	Rauchen Sie?	☐ ☐	Haben Sie Allergien?
☐	☐	Haben Sie öfters stressige Situationen?	☐ ☐	Nehmen Sie momentan Medikamente?
☐	☐	Sind Sie oft müde, antriebslos?	☐ ☐	Haben Sie Bluthochdruck?
☐	☐	Schlafen Sie regelmässig mehr als 7 Stunden?	☐ ☐	Ist Ihr Blutdruck eher zu niedrig?
☐	☐	Haben Sie Konzentrationsprobleme?	☐ ☐	Sind Ihre Cholesterinwerte normal?
☐	☐	Haben Sie Gedächtnisprobleme?	☐ ☐	Leiden Sie unter einer chronischen Erkrankung?
☐	☐	Trinken mehr als 2 Mal/Woche Alkohol?		
☐	☐	Sind Sie aktuell in ärztlicher Behandlung?		Wie oft treiben Sie Ausdauersport? (Min. 30 Minuten)
☐	☐	Hat jemand in Ihrer Familien Diabetes?		O So gut wie nie
☐	☐	Gab es in Ihrer Familie bereits einen Schlaganfall?		O 1 Mal pro Woche
☐	☐	Gab es in Ihrer Familie bereits einen Herzinfarkt?		O Alle 2 Wochen 1 Mal
				O Mindestens 2 Mal pro Woche

Integriert in den Therapieplan ist auch direkt die Anamnese mit rund 20 Fragen.

Wird bei Bedarf während einer Konsultation in der Praxis erfasst und eingetragen

Datum	Gewicht	Sauerstoffsättigung S_pO_2	Puls	systolisch (mm Hg)	diastolisch (mm Hg)

Blutdrucktabelle

	systolisch	diastolisch
optimaler Blutdruck	< 120	< 80
normaler Blutdruck	< 130	< 85
hoch normaler Blutdruck	130-139	85-89
Milde Hypertonie	140-159	90-99
Mittlere Hypertonie	160-179	100-109
Schwere Hypertonie	>180	>110

Sauerstoffsättigung S_pO_2: 94-97%

Puls		
	Kinder	100/Minute
	Jugendliche	85/Minute
	Erwachsene	70/Minute
	Senioren	80/Minute

Bemerkungen:

Da ich bei jeder Konsultation stets auch den Blutdruck und die Sauerstoffsättigung messe, ist auch für die Erfassung dieser Werte Platz im Therapieplan vorgesehen.

Hauptbeschwerden	Ergänzende Massnahmen
☐ Chronische Müdigkeit, fehlende Energie	☐ Basisches Wasser
☐ Hautirritationen	☐ Vita-Chip
☐ Gelenkprobleme	☐ Germaniumband
☐ Gefässprobleme	☐ Magneteinlagen
☐ Schlafqualität (Einschlafen, Durchschlafen)	
☐ Magenprobleme, Dünndarmprobleme, Dickdarmprobleme	
☐ Lungenprobleme, COPD	
☐ Diabetes	
☐ Adipositas	
☐ Borreliose	
☐ Herz/Kreislaufprobleme	
☐ Kopfschmerzen, Migräne	
☐ Schilddrüsenprobleme	
☐ Schwindel	
Anmerkungen:	

Während der gemeinsamen Analyse mit dem Kundenkann ich direkt im therapieplan die wichtigsten Hauptbeschwerden festhalten. Dies ermöglicht es mir, mich ganz auf die Analyse und Besprechung mit dem Kunden zu konzentrieren und muss mir nicht für eine spätere Therapieplanung alles merken.

Verbesserungsvorschläge	
☐ Absorption Magen, Pepsinsekretion, Peristaltik	Flohsamenschalen, Bitter Kapseln
☐ Absorption Dünndarm	Flohsamenschalen, Klino
☐ Absorption Dickdarm	Flohsamenschalen, Klino
☐ Schwermetalle ausleiten	Klino
☐ Prostataitis	Broccoli, Prostata Kapseln
☐ Erhöhte Harnwerte	L-Arginin, L-Alanin, Vitamin B-Complex, Klino
☐ Entgiftungsfunktion Leber zu tief	Leber-Galle Vital, Bitter
☐ Vitalstoffmangel (Vitamine, CoEnzyme, Aminosäuren)	Vitalstoffsupplementierung
☐ Q10 Mangel	Ubiquinol
☐ Osteoporose	Knochen Vital oder K2 & D3 & Magnesium
☐ Übersäuerung (Gesamtgallensäure)	Leber-Galle Vital, Bitter, Cholin, Flohsamen
☐ Zu hoher Serumglobinwert (Infektion?)	Abwehr Plus
☐ Stress, PH Wert zu tief, Elektromagnetische Strahlung	Abwehr Plus, Antioxidantien Plus
☐ Blutversorgung des Hirngewebes	Pycnogenol, L-Arginin
☐ Stimmungsindex	5-htp, Energie-Vital
☐ Gedächtnis Index	Gedächtnis-Index, Pycnogenol
☐ Leberfettgehalt/Fettstoffwechsel, Durchfluss-System	Leber-Galle Vital, Bitter, Pycnogenol
☐ Abweichender Lipid-Metabolismus Koeffizient	Leber-Galle Vital, Energie Vital
☐ Abweichender Triglycerid-Gehalt Koeffizient	Omega 3, Bitter, Antioxidantien Plus, Cholin
☐ Kollagenmangel, Bindegewebe	Collagen, L-Lysin, L-Prolin
☐ Haut	Haut-Vital, Collagen
☐ Augenvitalität, Visuelle Müdigkeit	Augen-Vital, Pycnogenol
☐ Gefahr von Arteriosklerose, Gefäss-, Herz- Kreislaufprobleme	Pycnogenol, L-Arginin
☐ Darmbakterienkoeffizient -Würmer, Viren, Parasiten, Pathogene	Flohsamenschalen, Bitter oder Parasitenkur
☐ Cholesterin	Pycnogenol, OPC, Omega 3
☐ Blutfette	Pycnogenol, Omega 3, Ubiquinol
☐ Hämatokritwert zu hoch	Pycnogenol, L-Arginin
☐ Hämatokritwert zu tief	Eisen Chelat, Herz-Vital
☐ Lungenvitalität	Pycnogenol, Abwehr Plus, Süssholzwurzel
☐ Verstopftes Lymphsystem	Abwehr Plus, Schachtelhalm
☐ Gefässprobleme, Gefässelastizität, Kranzgefässe	Pycnogenol, L-Arginin, Herz-Vital
☐ Gelenkprobleme	Pycnogenol, L-Arginin
☐ Bauchspeicheldrüse	Gluco-Vital, Bitter, L-Arginin
☐ Hals/Lendenwirbelverkalkung, Hyperostose	Apfelessig & Vitamin C
☐ Blutzucker/Urinzucker	Gluco Vital, L-Alanin, D3, B Komplex, Liponsäure
☐ Schilddrüse	Vitamin Bplus, Beta Carotin, Omega 3

Die wichtigsten rund 35 Werte einer Messung sind auf dem Therapieblatt erfasst und wenn einer der gemessenen Werte zu hoch (z.B. Schwermetallbelastungen) oder tief ist (Vitamine, Spurenelemente etc.), kann dies sofort erfasst werden und als Unterstützung ist direkt dahinter erfasst, mit welchen nahrungsergänzungsmitteln man den Wert verbessern kann. Dadurch kann ich direkt nach der Analyse dem Kunden auch schon sagen wie man die Werte verbessern kann.

Therapiedokumentation		
Datum	**Therapie**	**Ergebnis**
		😀 🙂 😐 🙁 😣
		😀 🙂 😐 🙁 😣
		😀 🙂 😐 🙁 😣
		😀 🙂 😐 🙁 😣
		😀 🙂 😐 🙁 😣
		😀 🙂 😐 🙁 😣
		😀 🙂 😐 🙁 😣
		😀 🙂 😐 🙁 😣

Da meine Kunden mindestens 4 Mal zu mir kommen (Erste Grundmessung, danach 3x jeweils nach 30 Tagen zur Folgemessung und Kontrolle, ob sich die Werte bereits verbessert haben) ist im Therapieplan auch ein Dokumentationsbereich integriert indem ich festhalten kann, wie die Therapie beim Kunden funktioniert hat.

Weiteres Vorgehen	
☐ Parasitenkur Dr. Hulda Clark	
☐ Zappen nach Dr. Hulda Clark	
☐ Plattenzappen	
☐ Bioresonanztherapie	
☐ Fettstoffwechsel ankurbeln	
☐ Magen/Darmreinigung	
☐ Gefässtherapie QRS 101	
☐ Gefässtherapie mit Low-Level Laserdevice	
☐ TENS - Schmerztherapie	
☐ Akupunktur	

Je nach festgestellten Unpässlichkeiten des Kundengibt es auch unterschiedliche Therapieansätze und auch diese können direkt im Therapieplan markiert werden.

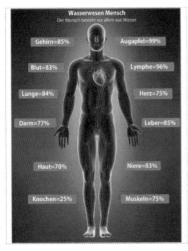

Wo hilft basisches Wasser

- ✓ hohen Blutdruck
- ✓ Diabetes
- ✓ schlechte Blutzirkulation
- ✓ Darmträgheit
- ✓ allgemeine Erkältungen
- ✓ Muskelschmerzen
- ✓ Harnsteine
- ✓ langsame Wundheilung
- ✓ chronische Müdigkeit
- ✓ Gicht und Arthrose
- ✓ morgendliche Übelkeit
- ✓ Osteoporose
- ✓ Hyperaktivität
- ✓ Diarrhöe
- ✓ Wassereinlagerungen
- ✓ Kater
- ✓ Körpergeruch
- ✓ Fettleibigkeit

Da eine sehr grosse Vielzahl von Beschwerden auf Übersäuerung zurück zu führen ist und alleine schon mit dem Trinken von basischem Wasser merkliche Verbesserungen eintreten, sind die letzten 2 Seiten mit entsprechenden Hinweisen illustriert. Dies hilft mir auch stets den Kunden davon zu überzeugen, dass er sofort damit anfängt, basisches Wasser zu trinken.

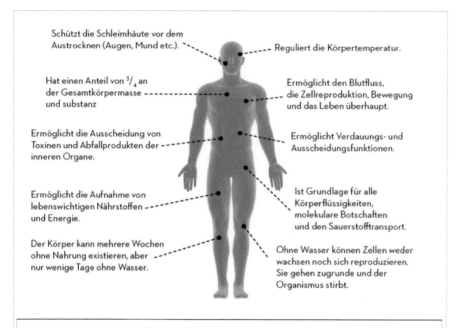

Schützt die Schleimhäute vor dem Austrocknen (Augen, Mund etc.).

Reguliert die Körpertemperatur.

Hat einen Anteil von $^3/_4$ an der Gesamtkörpermasse und substanz

Ermöglicht den Blutfluss, die Zellreproduktion, Bewegung und das Leben überhaupt.

Ermöglicht die Ausscheidung von Toxinen und Abfallprodukten der inneren Organe.

Ermöglicht Verdauungs- und Ausscheidungsfunktionen.

Ermöglicht die Aufnahme von lebenswichtigen Nährstoffen und Energie.

Ist Grundlage für alle Körperflüssigkeiten, molekulare Botschaften und den Sauerstofftransport.

Der Körper kann mehrere Wochen ohne Nahrung existieren, aber nur wenige Tage ohne Wasser.

Ohne Wasser können Zellen weder wachsen noch sich reproduzieren. Sie gehen zugrunde und der Organismus stirbt.

Welche Werte verändern sich positiv dank basischem Wasser

- ✓ Kardio: Hämatokrit, Status der Blutversorgung des Hirngewebes
- ✓ Dickdarm: Dickdarm-Absorption
- ✓ Nierenfunktion: Harnsäure
- ✓ Funktion der Hirnnerven: Blutversorgung des Hirngewebes, Gedächtnis Index (ZS)
- ✓ Knochendichte: Kalzium-Verlust, Grad der Osteoporose, Dichte der Knochenmineralien
- ✓ Knochen: Grad der Osteoporose, Rheuma-Koeffizient
- ✓ Spurenelemente: Kalzium, Kalium, Magnesium
- ✓ Homotoxine: Elektromagnetische Strahlung, Rückstände v. Pestizide
- ✓ Schwermetall: Alle Parameter können sich verbessern
- ✓ Schwermetallbelastung Schwermetallbelastung wird reduziert
- ✓ Allg. körperlicher Zustand: Wassermangel, PH (Stresslevel abhängig)
- ✓ Haut: Freie Radikale, Feuchtigkeitsgehalt, Feuchtigkeitsverlust, Elastizität, Haut, Hornhautbildung
- ✓ Kollagen: Durchfluss-System, Motorisches-System, Nerven-System
- ✓ Puls von Herz & Gehirn: Zerebrovaskuläre Sauerstoffsättigung des Blutes, Sauerstoffgehalt im Blut
- ✓ Blutviskosität

Bezahlen und Verrechnen

Seien Sie bei der Verrechnung möglichst flexibel. Heute gibt es zum Beispiel die Lösung SumUp, mit welcher Sie alle gängigen Kartenzahlungen annehmen können und dabei ein absolutes Minimum von gerade mal 1.5% an Gebühren bezahlen, und dies auch nur bei Gebrauch; also ganz ohne fixe monatliche Kosten.

SumUp Air Kartenterminal

- Funktioniert via der kostenlosen SumUp App und Ihrem Smartphone oder Tablet

- Verbindet sich via WiFi oder der mobilen Datenverbindung Ihres Smartphones

- Ein benutzerfreundliches Terminal und eine leistungsstarke App, die Sie überallhin begleiten werden

Wenn Sie Barzahlungen annehmen, so empfehle ich Ihnen, dass Sie stets auch eine Quittung ausstellen. Dazu gibt es ebenfalls 2 Möglichkeiten. Einerseits der gute alte Quittungsblock mit Durchschlagpapier oder die moderne Variante mit der Smartphone App «Fast Receipt», welche es ermöglicht, eine Quittung mit ganz wenig Klicks direkt am Smartphone zu erstellen und dann als Mail, Nachricht oder SMS zu versenden.

In vielen Fällen kaufen meine Kunden weitere Zusatzprodukte wie etwa die Ecaia Carafe, Vitamine und Spurenelemente oder andere Dinge direkt bei mir in der Praxis spontan ein und schätzen es sehr, wenn ich es Ihnen ermögliche, die Waren bequem auf Rechnung zu kaufen.

Die Erstellung einer Rechnung ist dank der heutigen CRM Systeme sehr schnell gemacht und dauert keine 2 Minuten. Daher empfehle ich sehr, dass Sie auch eine Bezahlung auf Rechnung anbieten als weiteres Servicemerkmal.

Verabschiedung

Gäste begleitet man stets zur Türe. Da ich meine Kunden als Gäste sehe,
begleite ich diese logischerweise auch stets zur Türe und verabschiede
mich dort von Ihnen. Dies gibt eine weitere persönliche Bindung, welche
sehr geschätzt wird. Gerade wenn die Kunden mit einem Regenschirm
oder einer Jacke kommen, zwischenzeitlich aber das Wetter sich geändert
hat, ist die persönliche Verabschiedung an der Tür mit dem Hinweis auf
Schirm oder Jacke stets

13. Therapiearten

Hier finden Sie eine Übersicht von rund 200 verschiedenen Therapiearten. Diese Liste wurde von www.gesund.ch übernommen. Dort finden Sie übrigens auch zu jeder Therapieart eine kurze Beschreibung.

Aderlass
AION A-Therapie
Akupressur
Akupunkt-Massage nach Penzel (APM)
Akupunktur
Akupunktur Massage nach Radloff
AlexanderTechnik
Alpha-Synapsen-Programmierung®
Anthroposophische Medizin
Antlitz-Diagnose, Face reading
Aquatische Körperarbeit
Aromatherapie, Aromatologie
Astrologie
Atemtherapie (Atemschulung, Atempädagogik)
Atlaslogie
Aufrichtung / Energetische Aufrichtung / Wirbelsäulenbegradigung
Augenakupunktur
Augendiagnose / Irisdiagnose
Augentherapie / Sehtraining
Aura / Aura-Arbeit / Aurachirurgie / Aurareinigung
AURA-SOMA®
Aurikulotherapie (Ohrakupunktur)
Autogenes Training
Ayurveda

Baby- und Kindermassage

Bach-Blütentherapie

Baunscheidtieren

Befeldungstherapie

Bewegungstherapie

Bewusstseinsarbeit / Energiearbeit

Biodynamische Therapie, Körperarbeit und Massage

Bioenergetik (Lebenskraft - Lebensenergie)

Bioenergetische Meditation (Biomeditation) nach Viktor Philippi

Biofeedback

Biontologie / Photonentherapie

Bioresonanztherapie / Radionik

Blutegel

BodyTalk System

BowenTherapie / Bowen Technik

Brennan Healing Science®

Burnout und Burnout Syndrom

Cantor Holistic Touch®

Chakra-Therapie / Chakra Reinigung

Channeling

Chinesische Medizin TCM

Chirotherapie

Clearing

ClusterMedizin

Coaching

Colon-Hydrotherapie (Darmspülung)

CQM - Chinesische Quantum Methode

Craniosacral Therapie

Cultural Bodywork nach Stormie Lewis

DAN Therapie System

DCH (Divine Conscious Healing) nach Stormie Lewis

Dorn / Breuss (Wirbelsäulentherapie)

Drogerien - Naturdrogerie

Dunkelfeldmikroskopie

Edelstein-Therapie

EFT - Emotional Freedom Techniques ™

Elektrosmog

Elektrotherapien

EMF Balancing Technique®

Emozon-Energie-Massage

Energetische Reinigung

Energetisches Heilen / Energiemedizin / Energetische Medizin / Energy Medicine

Engel-Therapie, Engelreading, Engel-Arbeit

Ernährung

Esalen® Massage

Facial Harmony

Familienstellen

Farbtherapie

Fasten

Feldenkrais

Feng-Shui

Focusing

Fünf Tibeter

Fusspflege / Pédicure / Podologe

Fussreflexzonen-Therapie / Reflexzonen-Massage

Geistige Aufrichtung®

Geistiges Heilen / spirituelles Heilen

Haar-Mineral-Analyse

HaareBalancieren nach Mercury®

Handanalyse (Chirologie)

HEB-Coaching®

Heilpädagogisches Reiten

Homöopathie

Homöopathie nach Erich Körbler® (Neue Homöopathie)

Honig-Massage

Horchschulung (Tomatis)

Hot Stone Massage / LaStone Therapy® / Stone Massage

Humoraltherapie

Hypnose

Integrative Energie-Therapie

Jin Shin Jyutsu®

Journey (The Journey)

Karma / -Arbeit, -Auflösung, -Reinigung, -Analysen, -Astrologie

Kartenlegen / Tarot

Kinesiologie

Kirlian-Fotografie

Klangtherapie / tibetische Klangschalentherapie

Klopftherapie

Kneipp-Therapie

Kräuterstempel-Massage

Kunst- und Ausdruckstherapie

Laser-Therapie

LaStone Therapy® / Stone Massage / Hot Stone Massage

Lebensberatung / Gesundheitsberatung

Licht-Therapie

Lichtarbeit

Lichtbahnen-Therapie (nach Trudi Thali)

Lomi Lomi

Lymphdrainage

Magnet-Therapie

Mal-Therapie

Massage

Matrix-Methoden

Medialität / mediale Beratung / mediales Heilen

Mediation

Meditation

Mentalenergetik

Mentaltraining

MET (Meridian-Energie-Technik nach Franke®)

Metamorphosis (Pränataltherapie)

Mobbing

MORA-Therapie

Moxibustion

Musik-Therapie

Narbenentstörung

NaturheilpraktikerIn

Neuraltherapie

Neurobiologie nach Dr. Klinghardt

Neurofeedback

NLP (Neuro-Linguistisches Programmieren)

Numerologie

Ohrakupunktur (Aurikulotherapie)

Ohrkerzen

OM Chanting

ORB Medau (Organisch-Rhythmische Bewegungsbildung)

Ortho-Bionomy®

Osteopathie

Palmtherapy®

Physiotherapie

Phyto-Therapie (Pflanzenheilkunde)

Pilates Methode

Polarity

Postural Integration®

Pranic Healing (Pranaheilen)

Psychologie / psychologische Beratungen

Psychosomatik / Psychosomatische Energetik

Psychosynthese

Qi Gong

Quantentherapie

Radiästhesie (Elektrosmog)

Rebalancing

Rebirthing

Reiki

Reinkarnation / Rückführung

Rolfing® (Strukturelle Integration)

Sauerstofftherapien

Schamanismus

Schleudertrauma-Therapie

Schmerztherapie

Schröpfen

Schüsslersalze (Bio-Chemie)

Schwangerschaftsbegleitung

Schwingkissen-Therapie SKT

Sexualberatung/ -therapie

Shiatsu

Somatic Experiencing / Trauma-Arbeit / Trauma-Therapie

Spagyrik

Spiralstabilisation

Sterbe- und Trauerbegleitung

Stimm-Therapie

Sucht-Therapie

Sumathu-Therapie

Systemische Aufstellung /-Therapie (Systemarbeit)

Tai Chi (Tai Chi Chuan)

Tantra / Tantramassagen

Tanz- und Bewegungstherapie

TCM - traditionelle chinesische Medizin

TEN - Traditionelle Europäische Naturheilkunde

Therapeutic Touch (Handauflegen)

Tibetische Medizin

Tiertherapie / Tierheilkunde

TimeWaver®

Touch for Health

traditionelle Thai Yoga Massage

TRAGER®

Trauma-Arbeit / Trauma-Therapie / Somatic Experiencing

Traumarbeit / Traumanalyse

Visualisieren

Wassertherapie(Aquatische Körperarbeit)

Wickel

Wirbelsäulen-Basis-Ausgleich®

Wirbelsäulentherapie (nach Dorn / Breuss)

Yoga

Zilgrei

14. Übersicht häufig vorkommender Symptome

Wenn Sie sich noch nicht sicher sind, in welchem Bereich Sie therapeutisch tätig sein möchten, so hilft Ihnen vielleicht die nachfolgende Übersicht von häufig auftretenden Symptomen. Diese Liste wurde von www.gesund.ch übernommen. Dort finden Sie übrigens auch zu jedem Symptom eine kurze Beschreibung.

Abnehmen

Achtsamkeit

ADS/ADHS

Altersflecken

Angst / Ängste

Antriebslosigkeit

Appetitlosigkeit

Arthrose

Atembeschwerden

Augengesundheit

Bandscheibenprobleme

Bettnässen

Beweglichkeit

Beziehungsprobleme

Blähungen

Blasenprobleme

Blockaden

Blutdruck

Bodyshaping (Körpermodellierung)

Burnout

Cellulite

Chronische Erkrankungen

Chronische Schmerzen

Couperose (geplatzte Äderchen, Besenreiser)

Darmbeschwerden

Demenz

Depressionen

Diabetes

Durchblutungsstörungen

Eheprobleme

Emotionale Belastungen

Energiemangel

Entgiftung

Entscheidungsschwierigkeiten

Entspannung

Entzündung

Erkältung

Ernährung

Erschöpfung

Essstörungen

Falten

Familienprobleme

Fasten

Fehlhaltung

Fibromyalgie

Fieber

Figurproblem

Fitness

Flugangst

Frauenleiden

Fussprobleme

Gelenkbeschwerden

Gewichtsprobleme

Gynäkologische Beschwerden

Haarausfall

Halsbeschwerden

Hämorrhoiden

Hautprobleme

Herpes

Heuschnupfen

Hexenschuss

Höhenangst

Hormonelle Störungen

Impfungen

Kinderleiden

Kinderwunsch

Klimakterische Beschwerden

Konflikte

Konzentrationsschwierigkeiten

Kopfschmerzen

Körperhaltung

Körperwahrnehmung

Kuren

Lebenskrisen

Leistungssteigerung im Sport

Lernschwierigkeiten

Leseschwäche

Lungenbeschwerden

Magendarmbeschwerden

Migräne

Mobbing

Müdigkeit

Muskelverspannungen

Nackenschmerzen

Nahrungsmittelunverträglichkeiten

Narben

Nasenleiden

Nervenleiden

Nervosität

Neuorientierung

Neurodermitis

Nieren- und Blasenprobleme

Ohrenleiden

Operationen Nachbehandlung

Orangenhaut (Cellulite)

Parasiten

Phobie

Prostataleiden

Prüfungsangst

Psoriasis

Psychische Beschwerden

Psychosomatische Beschwerden

Raucherentwöhnung

Redeangst

Rehabilitation

Reisekrankheit

Reizbarkeit

Reizblase

Reizdarm

Rheuma

Rückenbeschwerden

Schilddrüsenstörungen

Schleudertrauma

Schmerzen

Schulterbeschwerden

Schuppen / Schuppenflechte

Schwangerschaft

Schwierige Lebenssituationen

Schwindel

Schwitzen

Seelische Beschwerden

Selbstwertprobleme / Selbstvertrauen

Sexualität

Sinnkrise

Sodbrennen

Sorgen

Sporternährung

Stärkung des Immunsystems

Stoffwechselstörungen

Stottern

Stress

Sucht

Trauer

Trauma

Trennung

Übergewicht

Übersäuerung

Unruhe

Untergewicht

Vegane Ernährung

Vegetarische Ernährung

Verdauungsprobleme

Vergangenheitsbewältigung

Vergiftung

Verhaltensauffällige Kinder/Jugendliche

Verletzungen

Verspannungen

Verstopfung

Wachstumsbeschwerden

Warzen

Wechseljahrbeschwerden

Wellness

Zahnbeschwerden

Zwanghaftes Verhalten

Das Buch «Der Weg zur eigenen Praxis» ist der ideale Leitfaden für alle Personen, welche gerne in der eigenen Praxis therapeutisch tätig sein möchten. Praxisnah wird von der Gründung bis zum Tagesablauf alles genau erklärt und es werden viele Tipps gegeben, wie man erfolgreich eine Praxis aufbauen und führen kann.

Der Autor Roland M. Rupp ist seit 10 Jahren in der Naturheilkunde tätig und hat zuvor in seiner Tätigkeit als Leiter der Geschäftsstelle des Schweizerischen KMU Verbandes zahlreiche Firmen bei der Gründung, dem Tagesgeschäft und der Expansion betreut und konnte so in über 400 Projekten Erfahrungen sammeln.

Seit 2017 ist er Leiter der von Ihm gegründeten VDM-Academy, welche in Deutschland, Österreich, Italien und der Schweiz therapeutisch tätige Personen in der Quantenresonanzanalyse ausbildet und Ihnen unter anderem Wissen in der orthomolekularen Medizin sowie im Bereich basisches Aktivwasser, Ionisierung und Energetisierung näherbringt.

Printed in Poland
by Amazon Fulfillment
Poland Sp. z o.o., Wrocław

62583970R00179